U0616602

金融网络安全

Hands-On Cybersecurity for Finance

[阿联酋] 厄尔达·奥兹卡亚（Erdal Ozkaya） 米拉德·阿斯兰纳（Milad Aslaner） 著

杨乐涵 马伟 译 钱晓斌 审校

人民邮电出版社

北 京

图书在版编目（CIP）数据

金融网络安全 ／（阿联酋）厄尔达·奥兹卡亚
(Erdal Ozkaya)，（阿联酋）米拉德·阿斯兰纳
(Milad Aslaner) 著；杨乐涵，马伟译. -- 北京：人
民邮电出版社，2021.8
（金融科技系列）
ISBN 978-7-115-56606-5

Ⅰ．①金… Ⅱ．①厄… ②米… ③杨… ④马… Ⅲ．
①金融－网络安全 Ⅳ．①F830.49

中国版本图书馆CIP数据核字(2021)第101218号

版 权 声 明

- ◆ 著　　　[阿联酋] 厄尔达·奥兹卡亚（Erdal Ozkaya）
　　　　　　[阿联酋] 米拉德·阿斯兰纳（Milad Aslaner）
　　译　　　杨乐涵　马　伟
　　审　　校　钱晓斌
　　责任编辑　胡俊英
　　责任印制　王　郁　焦志炜
- ◆ 人民邮电出版社出版发行　　北京市丰台区成寿寺路 11 号
　　邮编　100164　　电子邮件　315@ptpress.com.cn
　　网址　https://www.ptpress.com.cn
　　北京市艺辉印刷有限公司印刷
- ◆ 开本：800×1000　1/16
　　印张：13.75
　　字数：252 千字　　　　　　　　2021 年 8 月第 1 版
　　印数：1 – 2 000 册　　　　　　2021 年 8 月北京第 1 次印刷
　　著作权合同登记号　图字：01-2019-2392 号

定价：89.80 元
读者服务热线：(010) 81055410　印装质量热线：(010) 81055316
反盗版热线：(010) 81055315
广告经营许可证：京东市监广登字 20170147 号

内容提要

  本书围绕网络安全话题展开，涉及网络安全与经济、网络攻击手段、恶意软件、金融诈骗、威胁及漏洞管理、银行业面临的网络安全问题、风险管理、事件管理、数据保护、区块链技术、人工智能与网络安全、量子技术等热点，全面而系统地分析了全球网络安全态势，揭示了金融行业面临的网络安全挑战。

  本书从金融视角全面解读网络安全，适合金融服务领域的安全架构师、风险管理人员、渗透测试人员阅读，也适合对网络安全感兴趣的读者阅读。

审校者的话

很荣幸，受人民邮电出版社之邀审校《金融网络安全》一书。

网络安全是一个广谱的技术体系，覆盖了从密码学、VPN（虚拟专用网）到网络攻防、社会工程学、法律文化的方方面面。尤具挑战性的是，网络安全不可能超越现实而抽象存在，它必须深植于社会各行业的各种应用场景之中。而我们需要应对与解决的安全问题，究其背后的原因，可能是政治军事、经济利益、文化差异，也可能是意识薄弱、代码质量参差不齐、协议漏洞、管理纰漏，诸如此类，更有"道高一尺、魔高一丈"的谶语，让网络安全变得更加错综复杂、千变万化。

因此，面对日新月异的网络安全形势，网络安全从业者就需要不断学习、持续积累、因地制宜、实事求是。如何结合自己的行业专业背景，强化网络安全思维与实战能力，也显得非常重要。上述需求也将行业化的网络安全理论知识与实战技能总结提上了日程。

在审校过程中，我作为第一读者，对人民邮电出版社选译的这本《金融网络安全》进行了仔细研读。总体上，我认为这本书在网络安全与金融行业的交叉领域作了系统、有益的探索，对于非网络安全专业人员来说，可以据此一窥网络安全的门径，对金融行业的网络安全从业者来说，则可以通过本书更全面地掌握金融网络安全的主要脉络。

本书的写作风格是"既见树木，又见森林，深入浅出、平易近人"。两位作者将网络安全的各个分支条分缕析，叙述层次极为分明，文字内容要言不繁。同时，将金融行业中的常见网络安全问题与安全技术应用贯穿全书，进行了完整刻画与总结分析，如信用卡欺诈、金融木马、ATM（自动柜员机）与POS（销售点）攻击、金融诈骗、网上银行系统攻击等，书中不乏精彩的案例。

显然，两位原著作者认为，金融技术的快速发展会让网络安全的前沿技术得到广泛应用，因此，全书最后 3 章展开讨论了区块链、人工智能、量子技术等与网络安全相关的前沿技术。

本书未对金融网络安全重大技术内容展开深入讨论，据我个人揣摩，很大程度上是受本书篇幅与定位所限。当然，目前这种内容深度的把控很容易让本书成为金融网络安全入门读本。

最后，审校者提醒本书读者：网络安全是一个内容庞杂的领域，正在日新月异地发展，著者与读者在政治、法律、文化甚至技术等多个方面的学识与立场难免存在种种差异，译者为忠于原著而在本书中保留下来的某些著者观点请读者认真辨析。

钱晓斌（笔名"文武"）

2021 年 3 月 28 日

译者简介

杨乐涵，思特沃克（ThoughtWorks）高级安全咨询师，拥有 7 年信息安全行业经验与开发经验，专注于内建安全、企业安全攻防与建设，是一名应用安全漏洞挖掘爱好者。

马伟，思特沃克（ThoughtWorks）中国区信息安全团队负责人，资深安全咨询师，OWASP 开源项目代码贡献者。长期专注于应用安全技术与实践，对如何将安全实践融入到敏捷开发之中有深入的研究和实践经验。

审校者简介

钱晓斌，国内知名网络安全专家，原华为安全研究部部长、企业网络产品线首席安全架构师，现任国卫信安 CTO、中国工程院中国电子与信息工程科技发展战略研究中心专家委员会特聘专家、教育部高等学校网络安全专业教学指导委员会秘书。长期关注网络安全前沿技术，网络安全人才培养。

献词

　　谨以本书献给我的妻子和孩子！感谢我的妻子，因为她，我才能成为今天的我；感谢我的儿子，他是我最好的朋友和支持者；感谢我的女儿，她是我最好的朋友和能量的来源。

——厄尔达·奥兹卡亚（Erdal Ozkaya）

　　谨以本书献给我生命中最重要的 3 个女人：我的母亲，她一直照顾着我；我的妹妹，她帮助我成为一个更好的人；我的妻子，她让我意识到生命中什么才是真正重要的。

——米拉德·阿斯兰纳（Milad Aslaner）

序

随着网络犯罪给关键商业基础设施、全球经济和金融稳定带来的威胁不断增长，所有的行业、地区和部门都需要保持警惕并妥善应对。金融服务企业可以借助许多工具和技术来保护其基础设施、数据和人员，使其不受损害。对大型的全球性企业来说，可用的解决方案数量非常庞大，即使对那些处于发展中、资金不充裕、安全部门人员不足的企业来说也是如此。久而久之，人们就会以为这类技术和工具似乎已经过剩。在本书中，两位作者全面探讨了如何防御全球金融企业当前面对的和正在出现的安全威胁。他们关注网络弹性和网络卫生（Cyber Hygiene）的基础，并给出实际的建议以降低复杂性。随着全球安全威胁的数量和复杂性不断增加，做好基础工作往往很重要。先进的工具固然是有价值的，然而在构建和运行可扩展的、可持续的安全的应用程序的过程中，流程、人员和工具的配合是我们能够长期获得成功的关键。两位作者都分享了与之相关的、具体实施的经验，我鼓励读者以务实的态度来阅读这本书，同时将其视为在未来成功构建安全的应用程序的基石。

——安·约翰逊（Ann S. Johnson）

微软副总裁

作者简介

厄尔达·奥兹卡亚（Erdal Ozkaya）博士是一位网络安全专业人员，擅长业务开发、管理和学术研究。他致力于保护网络空间安全，并以安全顾问、演讲者、讲师和作者的身份分享自己的知识。Erdal 非常热衷于参与社区中与提升网络安全意识相关的活动。他利用创新的方法和技术来解决世界各地的个人和企业对信息安全以及隐私的需求。他与其他人合著了许多与网络安全相关的书籍，并编写了针对不同供应商的安全认证课件和试题。同时，Erdal 还是澳大利亚查尔斯特大学的兼职讲师。

非常感谢我的家人和朋友，你们与我分享反馈并帮助我变得更好。当我回首至今的人生时，你们永远是我回忆中最美好的一部分。我向你们保证，无论你们何时需要我，我一定会在你们身边，正如你们一如既往地陪伴我那样。我不会特别提到某个人的名字，因为我不想遗漏你们中的任何一个，但你们一定知道我说的是谁。

米拉德·阿斯兰纳（Milad Aslaner）是一位安全专家，在项目管理和软件工程方面拥有 10 多年的丰富经验。他曾编写过多部与社会工程、网络安全的实际应用以及金融服务行业中的网络安全相关的资料与图书，技术涉及端点检测和响应（EDR）、威胁及脆弱性管理（TVM）、事件响应、攻防技术。他在 2012 年加入微软，领导了 Surface Book 和 Laptop 的商业软件开发团队，并建立了 Surface 企业管理模式（SEMM）等安全功能。作为一名高级安全项目经理，他致力于实现新方案以应对战略性企业客户的需求，从而保护微软的客户免受不断发展的安全威胁。

爱因斯坦曾经说过："当你停止学习，你就会开始'死亡'。"我很赞同这句话，这也是我开始写作的动力之一。我还记得我在写第 1 章时，就想象着读者会如何消化这些知识并由此取得更大的成功，而我也因此感到自豪和骄傲。当然，这一切都离不开我的家人、朋友和同事。

技术审校者简介

阿迪亚·穆克吉（Aditya Mukherjee）博士是一名资深的网络安全专家，拥有超过 11 年的行业经验，曾为多家财富 500 强企业和政府实体提供安全咨询服务，管理专注于客户关系的大型团队，并建立服务线路。他的职业生涯始于一名企业家，他的专长是实施网络安全解决方案/网络转型项目，并应对与安全架构、框架和政策相关的挑战。在职业生涯中，他获得了各种行业的认可和奖项，其中最近的是 2018年最具创新力/最具活力的 CISO、年度网络护卫，以及卓越的管理领域荣誉博士。

我要感谢所有支持我的人，尤其是我的母亲，如果没有她的支持，我难以获得这些成就。感谢本书的两位作者，他们辛勤地工作和奉献，才创造了书中优秀的内容。另外，非常感谢 Packt 团队营造了一个非常棒的学习环境，以及德拉什蒂（Drashti）的大力支持，在他们的付出下，本书才能最终呈现在你的面前。

库纳尔·塞加尔（Kunal Sehgal）在过去 15 年里一直在金融机构担任重要的网络安全角色，同时他也是热心的博客作者和议题分享者，经常在亚洲发表与网络相关的话题。他拥有旁遮普大学计算机应用专业的学士学位，以及格鲁吉亚信息与网络安全学院的硕士学位。他还拥有众多与网络安全相关的认证，包括国际认证信息系统审计师（CISA）、信息系统安全专业认证（CISSP）、认证信息安全经理（CISM）、Tenable Nessus 审计师认证（TCNA）、云计算安全知识认证（CCSK）、ISO 27001首席审计师、Offensive 安全专家认证（OSCP）、CompTIA Security+等。

谨以本书献给我亲爱的女儿。

前言

本书将带领读者循序渐进地了解金融网络安全，并学习如何保护企业免受这些威胁。本书将通过一些真实场景的案例，讲解如何应对和解决金融网络安全威胁。读者在阅读的过程中，将了解到不同类型的安全漏洞和缺陷（包括人为风险因素），并可以从安全专家的角度剖析攻击者。在本书的最后，读者将获得洞察网络安全未来的能力，以及在保护金融服务和相关基础设施方面的实践经验。

本书的目标读者

如果你是一名安全架构师、网络安全风险管理人员或想要保护企业网络安全的渗透测试人员，那么本书正适合你。

本书的主要内容

第 1 章，网络安全与经济。本章将概述当前与金融行业相关的技术、基础设施，以及成为网络犯罪主要目标的整体金融行业。

第 2 章，网络的攻击者。本章将对攻击者和网络犯罪给出深入的解释，并涵盖相关的案例研究。

第 3 章，成本计算。本章主要分析网络安全专家的报告，涵盖与网络攻击和网络安全相关的成本计算。

第 4 章，威胁态势。本章简要讨论对最终用户和金融机构的威胁。

第 5 章，利用网络钓鱼、垃圾邮件以及金融诈骗窃取数据和资金。本章将为读者深入介绍恶意技术是如何被攻击者用来获取敏感信息的。

第 6 章，恶意软件。本章将介绍不同的恶意软件类别，并解释它们是如何传播的，这有助于规划防御策略。

第 7 章，漏洞和漏洞利用程序。本章将深入探讨不同的漏洞利用技术，如缓冲区溢出、竞态条件、内存破坏，并解释攻击者是如何实现这些漏洞利用技术的。

第 8 章，攻击网上银行系统。本章将关注在线金融系统，包括黑客是如何渗透和攻破目标程序的，以及我们该如何实施保护。

第 9 章，脆弱的网络和服务——入侵入口。本章将介绍网络传输与网络协议对于网络安全的重要性。

第 10 章，应对服务中断。本章将深入介绍什么是网络安全事件以及如何建立事件响应计划。

第 11 章，人为因素——失败的治理。本章将介绍影响整个网络安全实施的人为因素，包括标准、策略、配置、架构等。

第 12 章，安全边界和资产保护。本章将深入介绍最常用的 IT 外围设备安全模型（单信任网络模型），然后分享对双重信任网络模型的见解，最后介绍零信任网络模型。

第 13 章，威胁及漏洞管理。本章将介绍企业在威胁和漏洞管理中的 3 个关键的流程。

第 14 章，审计、风险管理以及事件处理。本章将介绍如何使用威胁模型、分析、测试、软件生命周期来保护资产，并实现对软件工程过程的监控以确保质量。

第 15 章，用于保护数据和服务的加密与密码学技术。本章将介绍早期的加密方法以及后来的发展，同时介绍各种技术以及相关的挑战。

第 16 章，区块链的兴起。本章将介绍当前全球经济面临的重要变化——区块链和加密货币。

第 17 章，人工智能与网络安全。本章将评估人工智能（AI）的使用增加所带来的影响，这也许会很快成为下一个游戏规则改变者。

第 18 章，量子与未来。本章将讨论量子计算未来会给区块链带来的改变。

充分利用这本书

对网络安全工具及其使用方法的基本了解将帮助你充分利用本书。

下载本书的插图

读者可以在异步社区下载与本书配套的彩图。

提交勘误

作者和编辑尽最大努力来确保书中内容的准确性，但难免会存在疏漏。欢迎您将发现的问题反馈给我们，帮助我们提升图书的质量。

当您发现错误时，请登录异步社区，按书名搜索，进入本书页面，点击"提交勘误"，输入勘误信息，点击"提交"按钮即可。本书的作者和编辑会对您提交的勘误进行审核，确认并接受后，您将获赠异步社区的100积分。积分可用于在异步社区兑换优惠券、样书或奖品。

扫码关注本书

扫描下方二维码，您将会在异步社区微信服务号中看到本书信息及相关的服务提示。

与我们联系

我们的联系邮箱是 contact@epubit.com.cn。

如果您对本书有任何疑问或建议，请您发邮件给我们，并请在邮件标题中注明本书书名，以便我们更高效地做出反馈。

如果您有兴趣出版图书、录制教学视频，或者参与图书翻译、技术审校等工作，可以发邮件给我们；有意出版图书的作者也可以到异步社区在线投稿（直接访问 www.epubit.com/selfpublish/submission 即可）。

如果您所在的学校、培训机构或企业，想批量购买本书或异步社区出版的其他图书，也可以发邮件给我们。

如果您在网上发现有针对异步社区出品图书的各种形式的盗版行为，包括对图书全部或部分内容的非授权传播，请您将怀疑有侵权行为的链接发邮件给我们。您的这一举动是对作者权益的保护，也是我们持续为您提供有价值的内容的动力之源。

关于异步社区和异步图书

"异步社区" 是人民邮电出版社旗下 IT 专业图书社区，致力于出版精品 IT 技术图书和相关学习产品，为作译者提供优质出版服务。异步社区创办于 2015 年 8 月，提供大量精品 IT 技术图书和电子书，以及高品质技术文章和视频课程。更多详情请访问异步社区官网 https://www.epubit.com。

"异步图书" 是由异步社区编辑团队策划出版的精品 IT 专业图书的品牌，依托于人民邮电出版社近 40 年的计算机图书出版积累和专业编辑团队，相关图书在封面上印有异步图书的 Logo。异步图书的出版领域包括软件开发、大数据、人工智能、测试、前端、网络技术等。

异步社区

微信服务号

目录

01

第1章

网络安全与经济

随着网络攻击的增多，网络安全与经济之间的关系变得越来越紧密。网络攻击使人们逐渐意识到网络安全的重要性。如今，网络攻击已经变得十分广泛且普遍，甚至对某些公司而言，遭受攻击是预料之中的事情。新的攻击在短时间内层出不穷，地下经济的存在是其重要原因，在那里，专业黑客为排队等待中的网络罪犯制造恶意软件并向其售卖。人们已经明显感受到网络攻击的影响，并且有报道称，这些攻击只会变得更恶劣，甚至可能对全球经济造成破坏。在这里，我们将介绍网络安全，并将其与网络攻击和全球经济联系起来。在本章中，我们将讨论以下主题：

- 网络安全是什么；

- 网络安全的范围；

- 网络安全领域的相关术语；

- 黑客组织、网络罪犯和网络间谍活动的概述；

- 网络安全的重要性及其对全球经济的影响；

- 网络攻击造成的名誉损害而带来的财务影响；

- 数字经济及相关威胁。

1.1 网络安全是什么

网络安全可以概括为旨在维护计算机系统的机密性、完整性和可用性所做出的努力，它是为保护网络和系统免受网络攻击的实践。

根据网络安全的定义，网络安全是指保护系统、网络和程序免受数字化攻击的实践。这些攻击通常旨在访问、更改或破坏敏感信息，敲诈勒索用户，以及中断正常的业务流程。

如今，实施有效的网络安全措施尤其具有挑战性，因为设备的数量比人还要多，而攻击者也变得更具创新性。网络攻击一直呈上升趋势，其目标是访问、更改或删除数据，甚至出现敲诈勒索和中断正常服务等现象。由于信息技术已被广泛采用以提升业务运行的效率，因此网络安全已成为当今企业非常关注的问题。当前的业务环境包括许多的设备、系统、网络和用户，所有这些都成为网络罪犯的目标，并且网络罪犯们开发并使用了很多有针对性的技术。网络攻击只会变得越来越高效且复杂。因此，对许多企业而言，网络安全正在成为一种生存机制，而不再是可有可无的选项。网络安全具有多个层次，涵盖设备、网络、系统和用户。每一层旨在确保与之相关的目标不会被攻击者破坏。在企业中，这些层可以被概括为 3 类：人员、流程和技术。

1.1.1 人员

这一类主要包含用户。众所周知，用户是网络安全链中尤其薄弱的一环。不幸的是，网络罪犯也意识到了这一点，并且在攻击时将用户而非系统作为攻击目标。设置弱密码、下载恶意电子邮件中的附件，甚至易于陷入骗局，这些问题都是由用户引发的。

1.1.2 流程

此类别涵盖了企业使用的所有流程，其中可能包括业务流程（例如供应链），攻击者可以利用这些流程将恶意软件植入公司内部。有时，供应链针对的目标是那些能够很好地抵御其他攻击方法的企业。

1.1.3 技术

技术涉及企业使用的设备和软件，它们一直是网络罪犯的首要攻击目标，并且罪犯们已经开发了许多技术来攻击它们。虽然安全公司试图跟上当今技术的进步，但网络罪犯似乎总是占据上风。网络罪犯可以从暗网获取新型恶意软件，并将其用于针对不同技术的攻击。

1.2 网络安全的范围

网络安全的重要性怎么强调都不为过。世界处于相互连接的状态，因此对单个主机或用户的攻击很容易演变成对许多人的攻击。从窃取个人信息到针对目标的敲诈勒索，皆属于网络安全的范畴。对公司而言，很多事情总是处于危险之中。因此，不论是对个人还是对企业，网络安全涵盖的范围都很广，接下来让我们更详细地了解网络安全。

1.2.1 关键基础设施安全

关键基础设施是指面向公众提供服务或支撑能源、通信、金融、交通、公共事业等重要行业运行的系统设施。为了满足当前的需求，这些基础设施必然会被数字化。这无意间使它们成为网络罪犯的目标。因此，必须定期对这些关键系统进行脆弱性评估，以便能够预先避免或减轻可能遭受到的攻击。针对关键基础设施的网络攻击在各地时有发生，常见的被攻击的目标部门涉及交通、电信、能源和工业部门。其中最令人印象深刻的是针对伊朗核设施的攻击，攻击中用到了恶意软件——震网病毒(Stuxnet)，该病毒对核设施造成了毁灭性的破坏，这凸显了网络攻击对关键基础设施所造成的影响。

以下内容摘录自一篇描述计算机恶意软件攻击某个核设施的文章。

一旦恶意软件感染了他们的系统，进而有人将受到破坏的数据带入工厂（那里没有直接的互联网访问权限），那么引发混乱则是迟早的事情。尽管你可能会怀疑这一点，但也有证据表明首次入侵并非源自 USB 驱动器。研究人员发现，在病毒传播到系统的几个小时之前，震网病毒的创造者才将其编译出来，除非有人在那里等着病毒编译完毕并立马通过 USB 驱动器将其传染到工厂所依赖的某家供应商，否则病毒在侵入工厂之前必定已经在互联网上传播开了。

1.2.2 网络安全

现如今，没有网络就无法开展业务。由于当前全球经济的很大一部分都由互联网提供支持，因此将自己和互联网隔离的国家或地区在经济上会较为落后。然而，和网络互联也有其自身的缺点，即个人和公司网络会很容易受到未授权访问、恶意软件以及拒绝服务等攻击。一些技术可以被用于在网络上执行某些操作，而这些操作在不使用入侵检测系统等工具的情况下，网络管理员几乎无法检测到。其他网络攻击还包括在传输过程中嗅探数据包、盗窃和污染数据。用来防御网络安全威胁的工具被淹没在需要它们进行过滤的大量网络通信之中。与此同时，这些工具也面临着误报的挑战。正因如此，安全公司正在转向研究诸如机器学习之类的新技术，以使它们能够更有效地检测恶意和异常流量。

1.2.3　云安全

云计算是正在被大量采用的新技术之一。云使得企业可以使用到原先由于受到获取和维护资源方面的财务限制而无法使用的资源。与其他备份选项相比，云的可靠性和可用性使其成为首选的备份选项。但是，云在安全性方面也面临着一系列挑战。企业和个人都担心其云存储的数据被盗，且云端早已发生过数据被盗事件。云安全确保云用户的数据受到保护并限制可以访问这些数据的人员。

根据 McAfee 安全研究结果来看，每 4 个企业中就有一个成为云数据盗窃的受害者，参见以下信息。

根据网络安全公司 McAfee 的第三份年度云安全报告，大量企业正在将其数据迁移上云，但并不是每个企业都确信云的安全性。部分原因在于有四分之一的公司遭受了云数据被盗窃的打击。

1.2.4　应用程序安全

许多业务流程需要应用程序或系统的支持才能运行。然而，这些系统给企业带来了薄弱环节。如果这些系统被黑客入侵，则可能导致服务或生产活动的中断、商业机密被盗，以及财务损失。Trustwave SpiderLabs 在 2017 年进行的一项研究表明，所有的被随机选择和测试的 Web 应用程序都至少含有一个安全漏洞。因此，在许多制定了网络安全策略的企业中，应用程序安全正在受到关注。

1.2.5　用户安全

如前所述，用户是最薄弱的环节，而且由于攻击者使用社会工程学技术来针对他们，因此也特别难以被保护。这些社会工程学技术难以被安全工具阻止。攻击者使用电话、电子邮件或面对面交互等正常互动来接触用户。企业因员工被社会工程学攻击而遭受了大量财务损失。因此，用户安全意识计划已被纳入大多数网络安全策略当中。

1.2.6　物联网安全

物联网（The Internet of Things，IoT）是一种受到安全威胁困扰的新兴技术。尽管存在安全挑战,但物联网技术已被许多企业所采用。处于不安全状态的物联网设备对企业和个人持续构成了威胁。因此,网络安全的范围也被扩展并涵盖此威胁领域。

1.3 术语

以下是一些与网络安全相关的术语。

- **网络犯罪**。以计算机为犯罪对象或辅助手段来实施犯罪的总称。这种罪行的作案者被称为网络罪犯,他们通常使用计算机技术来非法获取敏感信息,从而进行欺诈或实施恶意行为。

- **勒索软件**。一种恶意软件,旨在阻止受害者对计算机和文件的访问,直到他们支付赎金为止,从而向受害者勒索钱财。但是,支付赎金并不能保证文件一定会恢复。

- **恶意软件**。恶意软件分为病毒、蠕虫和特洛伊木马等多种类型。这些恶意软件经常被用于实施越权访问或破坏计算机。

- **社会工程学**。网络罪犯使用频率越来越高的一种攻击技术,用来诱导人们泄露某些信息或采取某些行动。最终目标是获取钱财或敏感信息(如商业机密)。

- **网络钓鱼**。一种常见的攻击,例如向用户发送欺诈性电子邮件,但声称邮件发送自信誉良好的发送方。网络钓鱼者旨在从受害者处获取敏感数据或钱财。随着技术的进步,网络钓鱼攻击变得越来越复杂,所使用的技术也越来越先进,从而更加容易破坏成功。

- **僵尸网络**。一个由受到恶意软件感染的设备组成的网络,这些设备能够执行某些任务,例如拒绝服务(Denial of Service,DoS)攻击。个人计算机曾经是僵尸网络的主要目标,但是自从 IoT 设备出现,黑客就将目光转移到了这种新技术上。Mirai 是一个令人恐惧的僵尸网络,它由 IoT 设备组成,并已被用于数次攻击。

- **数据泄露**。数据泄露是指公司网络受到网络犯罪分子的攻击,导致一些有价值的数据被盗。在多数情况下,被盗的是客户身份验证信息、地址信息以及财务信息。被盗的数据一般很有价值,可以在黑市上出售或赎回。即使盗窃来的数据经过了加密,黑客也可以找到方法解密数据,尤其是在加密算法较弱的情况下。

- **分布式拒绝服务(Distributed Denial of Service,DDoS)攻击**。攻击者将大量请求定向到目标计算机,从而阻塞其带宽,使其无法响应合法请求。僵尸网络是发起 DDoS 攻击的一种常见手段。DDoS 攻击也可以被当作"明修栈道,暗度陈仓"的技术使用,即黑客在使安全人员将精力集中于恢复遭受 DDoS 攻击的设备的同时,进行另一种攻击。

- **间谍软件**。一种用于监视他人的恶意软件，目标是获取个人信息、登录凭据或其他敏感信息。间谍软件主要感染浏览器或隐藏在软件中。对于移动设备，间谍软件可以使用 GPS 传感器来回传用户设备的地理位置信息，并且还可以访问通话历史记录和短信内容。

1.4 网络安全的重要性及其对全球经济的影响

网络安全的目标是确保数据和系统的保密性、完整性和可用性。本节将讨论网络安全的重要性。

1.4.1 网络安全的重要性

自从互联网诞生以来，网络安全一直至关重要。企业中的许多业务流程离不开互联网技术的支持。然而，技术在渗透到日常工作和生活的同时，也给人们带来了安全威胁。随着技术的进步，网络攻击的威胁也在增加，物联网等新技术面临着网络犯罪的严峻挑战。与此同时，网络安全技术也在努力确保使用者不受网络犯罪的危害。基于以下几点原因，企业和个人对网络安全越来越重视。

1.4.1.1 网络攻击的数量正在增长

随着科技的快速发展，网络攻击的数量呈指数级增长。网络安全报告显示，每年发现的新威胁数量在不断上升。地下黑市的一些专业技术人员专注于制造新型恶意软件，然后出售给黑客。网络罪犯花费大量的时间对个人和企业进行背景调查，以找出他们的脆弱点。他们利用社会工程手段完善入侵策略，以攻击更多的受害者。与此同时，用户却并没有为他们自己和他们工作的企业的安全做出改进和承担责任。随着网络攻击技术的发展，确保个人数据、资金和系统安全的唯一希望在于加强网络安全，网络安全的重要性迅速凸显。

1.4.1.2 网络攻击日益严重

和过去相比，网络犯罪的形式发生了改变。如今，网络犯罪的后果往往是毁灭性的，从那些沦为网络攻击受害者的公司状况就可以看出这一点。在确认网络犯罪分子入侵了雅虎的系统并窃取了几十亿用户的数据后，雅虎股价下跌。Ubiquiti Networks 公司因攻击者对其员工实施社会工程学攻击而损失了 4000 多万美元。许多其他顶级公司的敏感数据也曾被黑客窃取，个人也不能幸免。WannaCry 勒索软件对 150 多个国家或地区的企业和个人的计算机进行了加密。总地来说，网络犯罪越来越严重，涉及的资金量也越来越大，大量敏感数据被窃取。网络犯罪的目标并不局限于小型企业，例如优步和雅虎等大公司也已成为受害者。因此，网络安全对企业和个人都至关重要。

1.4.2 网络安全对全球经济的影响

网络攻击对全球经济的影响逐渐凸显，全球企业每年因此而遭受的损失多达数十亿美元。《福布斯》杂志提到，在 2019 年，网络犯罪已经给全球造成约 100 亿至 200 亿美元的损失。在 2015 年，这一数字只有 4 亿美元。在 2015 年的估算之前，2013 年的早期估算报告称，全球网络犯罪带来的损失仅为 1 亿美元。可以看出，网络犯罪造成的损失一直在增长。世界经济论坛已经注意到这一点，并对此表示关注。该组织警告称，由于大部分网络犯罪未被发现，这一数字实际上可能会更高。它将工业间谍活动定义为一种犯罪，在这种情况下，许多受害者甚至不知道自己已经沦为受害者。

根据史蒂夫·摩根（Steve Morgan）对网络犯罪成本的估算，从 2013 年到 2015 年，网络犯罪带来的损失增长了 3 倍，而且从 2015 年到 2019 年，可能还会再翻两番。Juniper 公司认为，截至 2019 年，消费者生活和工作的快速数字化将使数据泄露带来的损失在全球范围内增加至 21×10^{11} 美元。

1.4.2.1 网络犯罪成本

网络犯罪带来的经济损失是网络安全投入所无法比拟的。网络安全的投入变化不大，但网络犯罪带来的经济损失却每年都在增加。据估计，2017 年的网络攻击数量较 2016 年增加了 27.4%。

埃森哲（Accenture）对企业在 2017 年的平均网络犯罪成本估算如图 1-1 所示。

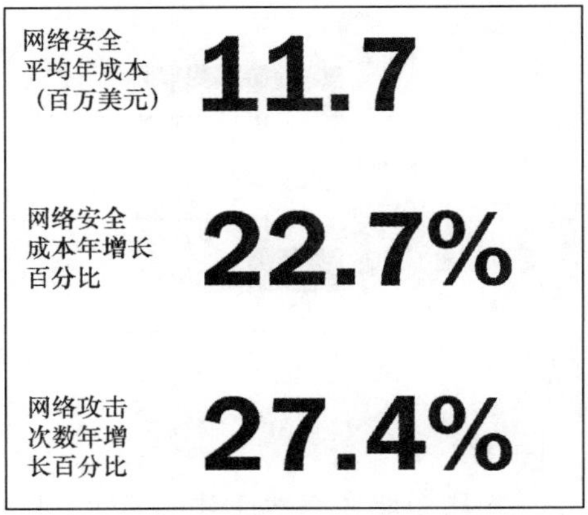

这些数字不仅仅是对当前情况的统计，同时也预测了 2018 年成为网络犯罪受害者的企业数量较 2017 年还会有所增长。目前，企业遭到网络入侵或恶意软件攻击的平均损失为 240 万美元。然而，这个数字只是一个平均值，部分企业遭受的损失远不止于此。以 2015 年索尼遭受的攻击为例，该企业因攻击而损失了 1500 万美元；在 Ubiquiti Networks 公司的案例中，已经造成超过 4000 万美

网络安全平均年成本（百万美元）	**11.7**
网络安全成本年增长百分比	**22.7%**
网络攻击次数年增长百分比	**27.4%**

图 1-1

元的损失。因此，网络犯罪的平均损失不应被用来描述现实，因为一些公司的损失是平均水平的好几倍。

解决网络攻击问题所需的时间比以往任何时候都要长。目前，从勒索软件攻击中恢复平均需要 23 天；遭受内部威胁攻击需要 50 天才能恢复；遭受 DDoS 攻击只需要几天就能恢复，但到那时已经造成了极大的损害。一般来说，攻击持续时间增加的同时，对受害者造成的影响也在增加。暴露在攻击者面前的时间越长，经济损失就会越严重。

在全球范围内，美国是网络犯罪成本最高的国家。自 2017 年以来，该国的平均水平一直高于全球平均水平，当时估计为 2100 万美元。这一估计值比 2016 年的 1700 万美元有所增长。网络犯罪成本第二高的国家是德国，从 2016 年的 780 万美元增长至 2017 年的 1150 万美元。日本位居第三，预估网络犯罪带来的成本为 1000 万美元。英国、法国和意大利紧随其后，分别为 800 万美元、790 万美元和 630 万美元。

图 1-2 所示是埃森哲对网络犯罪成本的估算。

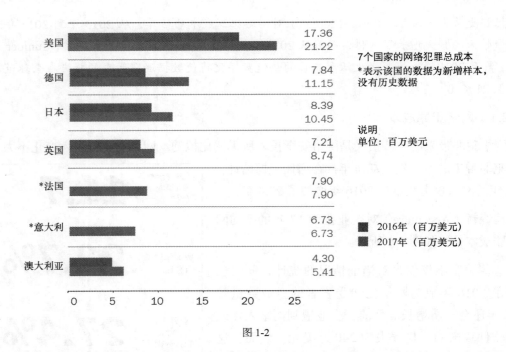

图 1-2

网络犯罪还会造成其他无法直接估算的经济损失。客户忠诚度的丧失可能会带来经济上的损失，客户的减少会直接导致收入的减少。失去声誉是导致经济损失的另一个因素，客户不会选择与一家没有安全保障的公司做生意。用户数据丢失后相关案件的法律费用也是公司必须面对的处理黑客攻击的财务支出之一。因此，各类支出使网络犯罪对企业来说代价极高。

1.4.2.2　网络安全与经济

网络安全和经济之间有着密切的关系，这表现在两个方面：第一，资金可以用于采购预防网络犯罪的网络安全产品；第二，网络攻击造成了直接的经济损失，一些攻击甚至专门以企业的财务部门为目标。除此之外，首席财务官（Chief Financial Officer，CFO）还必须与企业中的首席信息安全官（Chief Information Security Officer，CISO）密切合作，以确保他们为网络安全工作提供足够的资金支持。如今，经济与 IT 之间的联系比以往任何时候都更加紧密。

业务、流程和 IT 基础设施之间的依赖关系

如今，大部分业务的运作都是基于计算机系统的，计算机系统协调来自不同业务线的流程，同时使各个流程更加高效。例如，在一家生产公司中，供应部门必须与生产部门相联系，然后生产部门必须与销售部门相联系。这种类型的链条将确保供应部门在生产部门物料消耗完之前及时补给，生产部门将根据销售情况控制产量，以避免过度生产。为了确保这 3 个部门持续顺利地运作，企业可能需要集成企业资源规划（Enterprise Resource Planning，ERP）系统。企业资源规划系统将确保当生产部门需要更多物料时自动通知供应部门，生产部门也将获知实际和预测的销售量，以确保不会过度生产。ERP 解决方案将为各部门之间的此类协调提供支持。

该案例是企业中实际发生的情况的一个缩影。IT 系统将不同的部门连接在一起，当这些系统出现故障时，不同业务线中的业务流程也将受到影响。因此，企业需要确保 IT 系统在任何时候都能按照预期运行。部门之间的另一个关键联系是内部网络，在不同地区设有分支机构的企业通常希望确保可以轻松访问存储在不同物理位置的数据。为此，企业将建立广域网以让所有分支机构保持连接，如果该网络瘫痪了，许多操作就无法进行。企业中 IT 基础架构的其他组件对于日常运营也同样重要，如果这些组件处于离线状态，则操作将无法照常进行。为了在当前的商业环境中生存，必须将 IT 作为一种资源，这已成为大多数企业的常态。在某些行业中，企业拥有的 IT 系统甚至会决定企业的竞争力。

了解了企业当前对 IT 基础设施的依赖性之后，就能理解基础设施组件发生故障或受到攻击时会产生的后果。如果没有一些关键组件（例如 ERP 系统、网络和计算机），业务运营就会被迫停止。IT 系统瘫痪的主要原因是网络攻击，当然还有一些其他原因，例如自然灾害、人为错误和正常故障。尽管如此，目前主要关注的还是针对 IT 基础设施的攻击。攻击者不仅可以造成运营的停止，还可以蓄意破坏基础设施，这会对企业造成严重的影响。因此，企业不得不尽力保护 IT 基础设施，以避免承受故障所带来的严重后果。

1.4.2.3 经济损失

由于网络犯罪的成本上升，全球和地方的经济都蒙受了大量损失。根据 McAfee 在 2018 年年初的估计，在这一年，全球经济的国内生产总值（Gross Domestic Product，GDP）将因为网络犯罪而损失 0.8%，估计为 6000 亿美元，预计这一经济损失在 2019 年会达到万亿美元。在 2014 年，这一估计值为 0.7%，这表明网络犯罪对经济的影响只会越来越大。美国报告的网络犯罪数量相对持续增长，而欧洲的网络犯罪人数上升最快。网络罪犯似乎并不特别关注美国以外的地区，随着时间的推移，黑客活动大量涌入并蔓延到欧洲地区。另外，由于美国一直以来都受到网络犯罪的侵害，因此企业一直在为防范网络攻击做准备。欧洲现在正面临着网络犯罪带来的巨大经济损失，据估计，其区域 0.84% 的国内生产总值损失在网络犯罪上；而在美国，这一比例为 0.78%。

网络犯罪造成经济损失上升的原因有很多。其中一个原因是更多的网络犯罪工具被发布，这些新的网络犯罪工具更加有效。正如 1.4.1 小节所述，迄今为止最具破坏性的勒索软件攻击之所以成功，是因为黑客组织使用了事发前 3 个月从美国国家安全局窃取的漏洞。另一个原因是攻击者采用了新的技术，这些技术使他们能够对加密的文件进行解密，并绕过安全防护工具，在不引起警报的情况下获得系统权限等。黑客攻击手法的变化也是造成经济损失上升的原因之一，网络钓鱼就是一个很好的例子。网络钓鱼的攻击手法在不断地发生变化。多年前，网络钓鱼是通过纯文本电子邮件完成的，邮件中往往叙述了一个不幸的事件，并请求收件人为处于危险中的人提供一些帮助。早期的钓鱼邮件常会包含拼写和语法的错误，以及含糊不清的描述。然而，如今的钓鱼邮件伪造成类似合法公司的 HTML 电子邮件的内容，并包含指向假冒网站的链接，这些假冒网站的外观和交互与合法网站高度相似。受害者并未意识到他们已经把信息交给了黑客，甚至已经将钱转给了黑客。这种攻击技术的革命性发展在其他类型的攻击中也有体现，这导致大量的攻击案例发生，例如 2017 年美国国税局（Internal Revenue Service，IRS）欺诈的受害者人数约为 17 万人。这在之前并没有先例，因为当时这类钓鱼攻击还没有发展出来。

1.4.3 银行和金融系统——在风险和安全视角发生的变化

银行和金融系统一直是网络犯罪的目标。地下黑市有一些恶意软件可以用来攻击自动取款机，让它们吐出现金；一些恶意软件可以用来拦截用户和银行服务器之间的通信，窃取会话内容或登录信息；一些恶意软件可以在用户访问某些银行网站时，对其进行监视；还有一些网络钓鱼诈骗专门针对某些网上银行和支付系统的用户。这些仅仅是银行所面临的威胁中的一小部分，它们已经改变了银行在风险和安全方面的意识。图 1-3 所示是 PayPal 钓鱼邮件的截图。

图 1-3

　　银行不得不升级用于控制其自动取款机的操作系统，以避免出现金钱被盗的恶意攻击。银行认识到，有一些黑客熟悉自动取款机所使用的系统，他们可以轻易地闯入这些系统并直接从机器中窃取金钱。银行也开始意识到，在互联网上以明文形式传输数据存在安全隐患，因此需要切换到安全的 HTTPS，以确保从源到目标对数据进行加密，避免用户的登录信息在传输过程中被窃取。这些风险银行过去不必应对，但现在却被迫不得不采取应对措施。反病毒公司正在研发可以和普通浏览器集成的插件，以检测和删除间谍软件，或防止用户在进入网站期间产生任何间谍活动。在过去，间谍软件并不构成威胁，但如今安全公司却必须对此做出回应。至于网络钓鱼诈骗，银行一直在努力提升用户的安全意识，以防止用户陷入网络诈骗陷阱。现在到处可见与 PayPal 相关的骗局，使用类似于合法 PayPal 的网站或电子邮件，令许多用户遭受了损失。多年前，这些骗局还不存在，但在如今，银行必须引起重视并确保用户的安全。总之，银行和金融系统发生了许多变化，以应对过去不存在或不那么严重的安全威胁和新的风险。

1.4.4　数据泄露意味着经济损失

　　当企业受到攻击，数据被窃取和泄露时，最终的结果是损失金钱。黑客利用窃取到的数据要挟受害者支付赎金，以此作为不在地下黑市发布或出售数据的条件。这样的案例曾多次发生，一家迪拜银行曾经遭到黑客的威胁，黑客威胁称他们将公布从银行网站上窃取到的数据，银行拒绝支付赎金，结果黑客将这些敏感信息发布到了 Twitter 上。黑客利用数据泄露赚钱的另一种方式是把数据卖给第三方。当雅虎遭到黑客入侵，几十亿用户的数据被盗时，这些数据被列入黑市出售。暗网上的黑市几乎总是会有被盗的数据出售，即使数据被加密过，也有买家愿意购买。这些买家往往是广告商或其他网络罪犯。广告商将使用窃取到的数据创建用户的档案，以便对某些产品做定向推广；另外，网络罪犯会试图获取用户的详细信息（例如登录凭证），并以此来对用户展开进一步的攻击。

　　数据泄露也会对企业造成经济损失。如果发生数据泄露，且用户数据或个人身份信息丢失，则用户可以起诉受害企业。收集用户数据的企业有责任保护数据和防止数据被盗。曾有用户在数据泄露后将公司告上法庭的案例，法院通常会站在用户这一边，因为当个人数据被盗时，用户是受害最严重的一方。受害企业也会失去信誉并因此而遭受财务损失。

1.5　网络攻击造成的名誉损害的经济后果

　　网络攻击损害公司声誉的一个很好的例子是雅虎。雅虎被网络攻击事件导致了几十亿个账户数据被盗，该公司的声誉和价值显著下降。想要收购雅虎的威瑞森（Verizon）公司将收购该公司的出价削减了 3.5 亿美元，大量用户从雅虎转向 Gmail 等竞争对手。如今，由于该事件对人们的影响，愿意成为雅虎用户的人越来越少。雅虎给诸多企业上了一课，让这些企业知道网络攻击会对一个企业的声誉造成多么严重的损害。

　　因此，黑客入侵造成的声誉损失确实会为企业带来经济的影响，并且比其他类型的攻击（例如物理盗窃）更为严重。声誉损失的第一影响是顾客的流失。雅虎如今已难再拥有该事件发生之前曾占有的市场份额。用户担心自己的数据被黑客窃取，而雅虎一再遭到黑客攻击，让用户不得不怀疑其保护系统和数据安全的能力。该企业处理黑客攻击的方式是造成客户流失的另一个原因，它并没有立即警告用户大量账户数据已被盗。相反，它似乎在对用户隐瞒事实，告诉他们黑客只影响了一小部分账户。当最初的数据发布时，据说只有 500 个账户被攻击。然而，事实证明，有几十亿个受影响的账户。用户感觉到被欺骗了，攻击并没有得到应有的处理。

1.6 数字经济及相关威胁

数字经济是指通过信息技术进行广泛的经济活动和商业交易。部分传统经济正逐渐向数字经济演变，这使得数字经济在不断地增长。传统经济和数字经济之间的界限是模糊的，许多企业已经开始采用信息技术，使它们的业务能够更快、更高效、更有竞争力地运作。个体也可以成为数字经济的一部分，参与到以前无法参与的任务和交易中。新技术使更多的个体和企业加入这种经济体，物联网、大数据、云计算、无线网络和社交媒体网络的出现，持续吸引着更多的人参与到这种经济中。

然而，在这种经济中也存在着网络安全威胁。除去物理入侵和盗窃，还可以使用与之相似的技术来破坏这种经济。尤其需要注意的是，如果安全防护措施不足，可能导致其无法正常运作。在这种脆弱的经济模式中，网络威胁已成为其面临的最大挑战。在过去的几年里，数字经济面临的网络威胁不断增加，并且其中的一些攻击还会给数字经济带来损失。数字经济面临的威胁似乎只会越来越严重。接下来介绍数字经济面临的威胁的趋势。

1.6.1 智能设备的威胁

随着基于物联网和云计算的智能设备的普及，相应的新型网络威胁也正在出现。由于物联网设备在经济中属于新生事物，尚未对互联网上已存在的威胁进行强化，因此它们受到的攻击更多。如同许多其他的设备，物联网也被连接到互联网中，但由于缺少安全功能，因此它们成为黑客攻击的首选目标。云计算技术也被大量企业广泛采用，黑客也将其专业知识迁移到了这一新领域。云与本地服务器不同，在本地服务器上，企业可以密切监视其应用程序和敏感信息的安全性；如果云供应商遭受攻击，则将造成巨大的损失。

1.6.2 勒索软件

黑客已经证明，他们用一个勒索软件就可以干扰数字经济的正常运行。WannaCry 勒索软件就是一个例子，这是一次全球范围的攻击，此次攻击影响了 150 多个国家或地区。专家称，若不是因为勒索软件的编码者不够谨慎，就无法及时开发出解决方案以避免造成全球范围的恐慌。在短短 24 小时内，这一勒索软件就造成了公司损失、医院伤亡、个人文件丢失等重大的损失。在那次攻击之后，勒索软件依然是数字经济所面临的严重威胁。据估计，勒索软件的威胁一直在增长，这值得引起全球的关注。

图 1-4 所示是计算机被 WannaCry 加密后的画面。

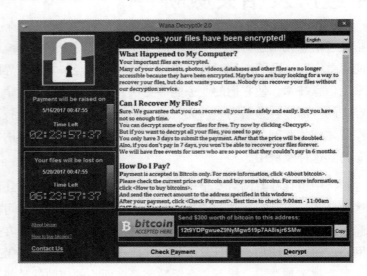

图 1-4

1.6.3　针对关键基础设施的攻击

对数字经济来说，关键的基础设施若被攻击，就会造成严重的后果。各国越来越多地向公众提供数字化的关键基础设施，这些基础设施可能会受到攻击并导致服务的中断。例如，2017 年的 WannaCry 勒索软件攻击使英国国家医疗服务体系（National Health Service，NHS）瘫痪，医院系统受到影响，医疗预约和手术不得不被推迟，直到攻击得到解决才得以恢复。

1.7　小结

本章介绍了网络安全和经济，解释了网络安全的范围、网络安全使用的术语以及网络攻击中的相关参与者。本章还探讨了网络安全的目标，概述了网络安全的重要性及其对全球经济的影响，其中强调了网络威胁带来的经济影响，描述了网络攻击造成的破坏。最后，本章重点讨论了数字经济及其面临的威胁，这些威胁包括智能设备威胁、勒索软件攻击和针对关键基础设施的攻击，所有的这些威胁都可能被大规模实施，从而干扰数字经济的正常运行。

在第 2 章中，你将了解不同的威胁参与者群体及其动机。

02

第 2 章
网络的攻击者

本章将对网络犯罪行为和网络罪犯进行深入的分析，从不同的角度分析黑帽黑客这个隐形世界中个人和群体的动机和演变。网络罪犯一直在不断改进其技术和进行恶意活动。本章将借助真实案例详细介绍黑客行为主义者、网络恐怖分子和网络罪犯。

2.1 网络犯罪介绍

根据波耐蒙研究所（Ponemon Institute LLC）对 2017 年网络犯罪成本进行的一项独立研究，企业的网络犯罪成本每年持续增加 27%，网络犯罪带来的经济影响已经成为金融服务行业的主要成本。这意味着，该行业内的企业在网络安全领域需要做出改进。

图 2-1 显示了每个行业的网络犯罪平均年化成本。

对网络罪犯、黑客行为主义者来说，金融服务行业内的公司存储的数据非常有吸引力，例如资金交易记录、个人和公司的财富净值详情等。

无论哪个行业，都没有公司可以在网络攻击面前幸免，尤其是金融服务行业。图 2-2 显示了 IBM 安全服务在 2016 年对跨所有行业和金融服务行业的监测情况。

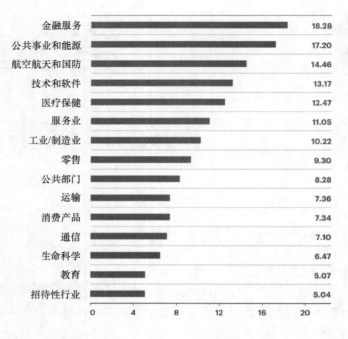

FIGURE 7

按行业计算的平均年化成本

单位：百万美元

说明

图表合并了254家公司的结果

■ 年化总成本（省略了不足
一百万美元的金额）

图 2-1

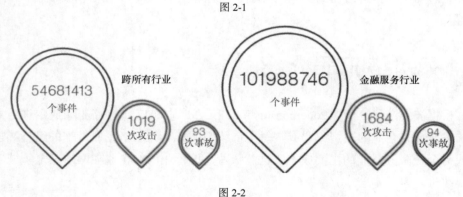

图 2-2

2.2　攻击者

网络攻击背后的攻击者可以分为以下几类：

- 黑客行为主义者；

- 网络恐怖分子；

- 网络罪犯。

"真正令我担心的是攻击者能力的成熟，已经足以威胁到我们关键基础设施的重要部分，尤其是金融服务业和银行业。"

——欧洲刑警组织负责人 罗伯特·温赖特（Robert Wainwright）

2.2.1 黑客行为主义者

根据美国工业控制系统网络应急响应小组（The Industrial Control Sytems Cyber Emergency Response Team，ICS-CERT）的定义，黑客行为主义者是指以宣传而非破坏关键基础设施为目的的威胁行动者。他们的主要目标是支持自己的政治观点，次要目标是造成损害，并借此宣传自己的名声。"匿名者"（Anonymous）主要以其分布式拒绝服务攻击而闻名。图 2-3 所示是"匿名者"常用的"无头西装"标志。

黑客行为主义者根据组织的使命声明或道德规范来锁定公司和政府作为目标。由于金融服务业对经济财富有着至关重要的作用，因此它们通常是黑客行为主义者的热门目标。

黑客行为主义者的意识形态各不相同，但他们的核心思想是关注社会问题，例如战争或他们认为非法的活动。为了传播他们的信仰，他们选择那些能尽快传播信息的目标。黑客行为主义者选择金融服务

图 2-3

行业内的企业的主要原因是这些企业通常拥有庞大的用户群，一旦他们成功破坏了企业的安全防护措施，就可以迅速传播自己的理念。

案例——达科他输油管道

达科他输油管道（Dakota Access oil Pipeline，DAPL）是 2016 年修建的一条 1886 千米长的管道，横跨美国 3 个州。美国原住民部落之所以抗议该管道的修建，是因为担心它会损坏圣地和饮用水。抗议活动开始后不久，黑客行为主义者团体"匿名者"以"OpNoDAPL"的名义公开宣布了他们对反对者的支持。在修建过程中，"匿名者"对参与 DAPL 建设的企业发起了多次 DDoS 攻击。"匿名者"泄露了负责 DAPL 建设的员工的个人信息，并威胁说，"如果他们不辞职，这种情况将持续下去"。图 2-4 所示为此次攻击在 Twitter 上的传播截图。

尽管关于此次攻击是如何发生的线索不多，安全研究人员还是对此进行了分析。

维基解密的推文宣称莫萨克·冯赛卡公司的电子邮件被泄露，他们确认其电子邮件服务器遭到了攻击。考虑到数据泄露的规模，邮件服务器有可能是受到了直接攻击。

图 2-4

2.2.2 网络恐怖分子

一些组织利用互联网进行宣传，招募新的恐怖分子，并通过互联网进行交流。其中一个例子是 2008 年发生的一次袭击事件，其中一名枪手证实，他们使用某软件熟悉建筑物的位置并发起攻击。网络恐怖主义是传统恐怖主义在网络空间的延伸。

案例——燕子行动

2012 年，某黑客组织的一名成员袭击了一系列美国金融机构。2012 年 9 月 18 日，该黑客组织承认他们是这次网络攻击的幕后黑手。纽约证券交易所以及摩根大通等银行都是这次 DDoS 攻击目标的一部分。

2.2.3 网络罪犯

网络罪犯是指在数字世界中利用技术实施犯罪的个人或黑客团体。网络犯罪的主要驱动力是经济利益或服务中断。网络罪犯主要通过以下 3 种方式使用计算机。

- 选择计算机作为目标：网络犯罪攻击他人的计算机以进行恶意活动，例如传播病毒、窃取数据、盗用身份等。

- 利用计算机作为武器：网络犯罪使用计算机进行"常规犯罪"，例如发送垃圾邮件、欺诈、非法赌博等。

- 使用计算机作为附件：网络犯罪使用计算机保存被盗或非法数据。

图 2-5 展示了网络罪犯是如何渗透到金融领域并造成严重破坏的。

网络罪犯使用了许多方法攻击贷款人和银行账户

图 2-5

Digital Shadows Ltd 负责服务交付和情报的副总裁贝基·平卡德（Becky Pinkard）表示："攻击者可以通过在每笔余额中添加或减去一个零，甚至删除整个账户来损害银行的利益。"

2.2.3.1　案例——FIN7

2018 年 8 月 1 日，美国华盛顿特区西区地方检察官办公室宣布逮捕了自 2015 年以来一直追踪的网络犯罪组织 FIN7 的几名成员。迄今为止，安全研究人员认为 FIN7 是金融服务行业中最大的黑客组织之一。据悉，FIN7 使用 Combi Security 公司作为幌子。

2.2.3.2　案例——Carbanak APT 攻击

Carbanak 是由网络犯罪组织 Cobalt 发起的一次高级持续威胁（Advanced Persistent Threat，APT）攻击，在这次行动中，受害者遭受了超过 10 亿美元的经济损失。图 2-6 描述了 Carbanak 网络犯罪组织如何从一家银行窃取 10 亿美元。

2.2.3.3　案例——OurMine

2016 年，涉嫌在沙特阿拉伯活动的网络犯罪组织 OurMine 对汇丰银行托管在美国和英国的网站发起了 DDoS 攻击。图 2-7 所示是攻击者的声明。

DDoS 攻击造成了美国和英国的汇丰银行网站拒绝服务，图 2-8 显示了 DDoS 攻击后的汇丰银行美国网站。

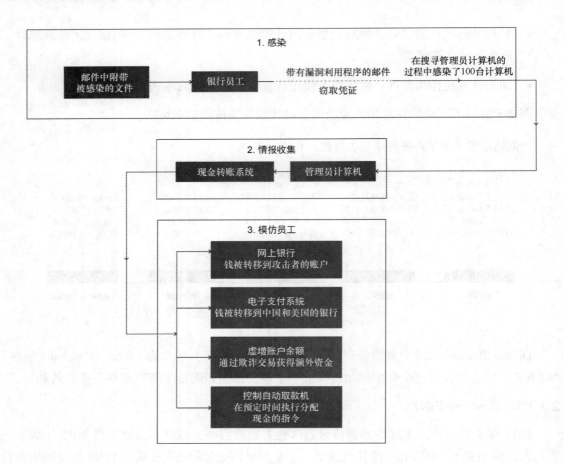

图 2-6

图 2-7

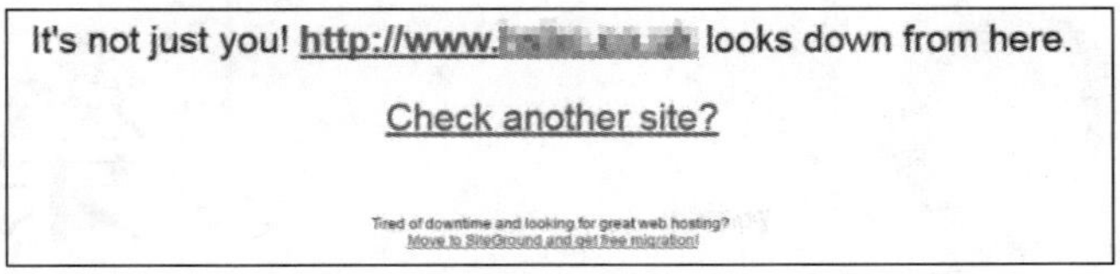

> It's not just you! http://www.███████ looks down from here.
>
> ### Check another site?
>
> Tired of downtime and looking for great web hosting?
> Move to SiteGround and get free migration!

图 2-8

2.3　小结

金融服务业是网络犯罪活动中受害最严重的行业之一。本章介绍了不同的威胁行动者及其动机，了解这些知识对于构建和执行网络安全策略十分重要。

在第 3 章中，我们将讨论与网络攻击和网络安全相关的成本。

03

第 3 章
成本计算

　　网络安全专家的报告显示，网络安全成本一直在增加。这些成本以两种方式增加：购买网络安全工具以保护企业网络安全的费用支出；企业遭受网络攻击而导致的损失，例如合规罚款和声誉受损。两种方式都对企业财务有所影响，相似的网络安全产品的成本几乎相同，而一次网络攻击的平均成本在直接财务损失、诉讼成本和客户损失方面将产生相同的后果。本章将研究这两种成本，并解释为什么成本一直在增加，以及企业可以采取什么措施以使成本得到合理控制或完全避免。本章将讨论以下主题：

- 网络攻击带来的成本；

- 网络攻击所造成的损失；

- 保护企业安全的费用支出。

3.1　网络攻击带来的成本

　　随着时间的推移，网络攻击给企业带来的平均成本一直在增加。网络攻击对黑客的回报也在增加，这激励着他们不断开发更好的工具和技术，以使他们能够窃取更多的金钱和数据。几家网络安全公司列出了他们对 2017 年和 2018 年网络攻击给企业带来的平均成本的估计。以下是其中一些估计。

　　IBM 是硬件和软件产品领域的技术巨头，据称，对 IBM 公司而言，网络安全漏洞导致的平均成本一直在增加，2018 年为 386 万美元。这比他们对 2017 年的估计增加了 6.4%。该公司还估计，2018 年每条包含敏感信息的被盗记录的成本为 148 美元，比 2017 年的估计增加了 4.8%。以下是 IBM 关于 2018 年网络安全事件成本的报告。

2018 年的研究报告称，全球数据泄露的平均成本比上一年增长了 6.4%，达到了 38600 亿美元。每条包含敏感和机密信息的泄露或被盗记录的平均成本也比去年同期增长了 4.8%，达到了 148 美元。

对于本书中给出的估算数字，需要注意以下几点。

- 所有这些估算数字都是由各个公司采用各自的方法计算得出的，因此它们可能无法相互比较。

- 其中一些可能倾向于描绘出一幅冷酷的画面——故意制造恐慌、不确定性以及怀疑（Fear、Uncertainty、Doubt，FUD）的策略。

- 这些数字并非来自政府或非营利组织。

- 并非所有的安全事件都有公开报告，并且并非所有报告了的安全事件都披露了详细信息。因此，所有这些报告都做了大量的假设。

根据为医院提供传真安全服务的公司 Sfax 的调查，2017 年全球网络安全事件的平均成本为 362 万美元。但是，美国的情况有所不同，那里的网络攻击事件更多，该公司估计每次攻击事件的平均成本为 735 万美元。该公司将每条被盗记录的全球平均成本定为 141 美元，而对于美国公司则定为 225 美元。Sfax 关于 2017 年网络事件成本的报告如下。

年度研究表明，全球数据泄露的平均成本目前为 362 万美元。

根据埃森哲的数据，全球网络安全攻击事件的平均成本要高得多，因为 2017 年的平均成本为 1170 万美元。该公司将美国的平均成本定为 2200 万美元，几乎是澳大利亚平均成本 540 万美元的 4 倍。埃森哲有选择性地挑选国家或地区参与计算平均值，它从 7 个国家或地区选择了 254 个企业，因此与其他企业相比，他们得出的平均值要高很多。以下是埃森哲对 2017 年网络犯罪成本的估计。

网络犯罪导致的成本正在加速增长。企业在 2017 年的支出比 2016 年增加了近 23%（平均为 1170 万美元），他们的投资规模空前。

不同网络攻击所导致的成本

虽然可以很简单地说黑客攻击所导致的平均成本是 300 万美元，但并非所有类型的攻击所导致的成本都相似。一些攻击所导致的成本比其他攻击所带来的成本更高，成本也随攻击企业的频率的不同而有所差异。因此，最好对比一下常见网络攻击之间的成本差异。图 3-1 所示是埃森哲对发生在 2016 年及 2017 年的最常见攻击所导致的成本进行的图形化表示，并且将攻击频率考虑在内。该数据收集自全球 254 家公司。

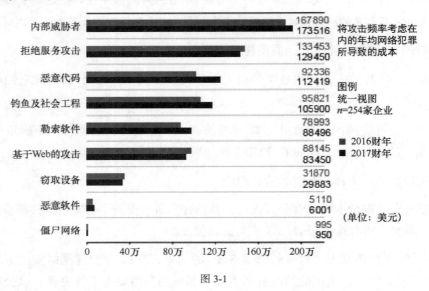

图 3-1

在解读这份数据的时候需要注意，该图已经将攻击频率考虑在内。因此，最频繁的攻击具有较高的平均成本值。从图 3-1 中可以看出，内部威胁者是对企业来说最频繁且代价最高的威胁。与内部威胁者有关的攻击在 2017 年平均造成 173516 美元的损失。之所以成本如此高昂，是因为内部威胁者在进行攻击时拥有的信息量很大。由于攻击者已经在受害公司工作了一段时间，因此他们确切地知道要攻击什么目标，并且对该目标所存在的可被利用的安全漏洞非常熟悉。这类攻击并非是在碰运气，相反，攻击者有着明确的目标和预定执行计划。根据埃森哲的图表，紧跟内部威胁者之后的是拒绝服务攻击，拒绝服务攻击在 2017 年导致的成本为 129450 美元，之后是恶意代码，恶意代码攻击在 2017 年导致的成本为 112419 美元。

但是，如果不考虑频率，报告内容将会有所不同，如图 3-2 所示。

图 3-2 代表了现实世界中的情况。可以看出，恶意软件攻击给企业带来的成本最高。遭受恶意软件攻击的企业，每次攻击所导致的平均成本是 240 万美元。这是因为地下市场的存在，攻击者可以在这里快速购买到新型恶意软件，以及大量未打补丁的系统。恶意软件也在变得更加复杂，这要归结于技术娴熟的黑帽黑客以极低的价格在暗网上出售其开发的恶意软件。因此，脚本使用者可以购买这些高效的恶意软件并用于实施攻击。基于 Web 的攻击以造

成 200 万美元左右的成本排在第二位，而拒绝服务攻击以造成 156.5 万美元左右的成本排在第三位。由于拒绝服务攻击可能导致企业蒙受巨额损失，因此其排名很高。

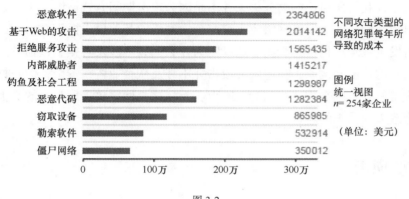

图 3-2

每次拒绝服务攻击所导致的成本约为 156 万美元，这对任何企业而言都是灾难性的打击。正是由于其效率极高，因此它特别危险。当足够强大的僵尸网络发动攻击时，目标幸免于攻击的概率很小。过去的攻击表明，任何企业都招架不住。Dyn 是美国领先的域名解析公司之一，并且他们拥有高度安全的 IT 环境，所以应该能够抵御所有攻击。但是，该企业因分布式拒绝服务攻击而瘫痪了几小时，众多网站因为依赖 Dyn 的域名解析服务而无法访问。后来发现，该企业受到僵尸网络攻击的流量峰值达到了 1 Tb/s。假如对电子商务网站（例如亚马逊）实施相同的攻击并持续几小时，那么该企业面临的损失将是天文数字。

类似地，如果企业所提供的服务需要在极短的时间内完成，假如受到 DDoS 攻击，则可能遭受数百万美元的损失。不幸的是，租用僵尸网络业务在地下市场变得越来越流行。诸如 Mirai 之类的僵尸网络由成千上万的僵尸设备组成。Mirai 僵尸网络是大量不安全的物联网设备的产物。到 2017 年年底，市面上的物联网设备总数估计为 84 亿个。Mirai 僵尸网络将大量物联网设备纳入其中。为了做到这一点，它只是尝试了来自不同物联网制造商的 61 种默认用户名和密码组合。自 2016 年以来，Mirai 已经成功攻击了许多著名的公司，特别著名的事件便是 2016 年 10 月的 Dyn DNS 攻击事件。Mirai 僵尸网络发动了峰值流量高达 1 Tb/s 的分布式拒绝服务攻击，从而使 Dyn 公司数小时无法解析任何域名。在此次攻击之前，Mirai 僵尸网络曾被用于攻击法国托管公司 OVH。该僵尸网络能够对 OVH 发起两次单独的 DDoS 攻击，这些攻击加在一起时会产生 1.5 Tb/s 的非法流量。OVH 公司后来透露，大部分流量来自大约 14.6 万台网络摄像机和录像机。市场分析人士说，到 2020 年，世界上将有 200 亿个物联网设备，这只会继续加剧分布式拒绝服务攻击的威胁。

3.2 解析网络攻击所造成的损失

到目前为止，我们所讨论的财务损失并不是因为攻击期间有钱被盗，也不是数据被盗之后在暗网上出售获利所致。所有网络攻击都与公司遭受的其他损失捆绑在一起，其中一些损失甚至在攻击发生数年后仍可感受到。这就是为什么一些不涉及直接金钱损失的攻击也被列为导致昂贵成本的攻击。例如，拒绝服务攻击并不涉及从企业盗窃资金，但是据说每次分布式拒绝服务攻击所导致的平均成本约为 150 万美元，这是网络攻击所带来的其他损失。以下是网络攻击所造成的损失的解析。

3.2.1 生产损失

在网络攻击期间，某些公司的生产过程将被迫中断。例如，一旦受到分布式拒绝服务攻击或基于 Web 的攻击，电子商务网站的业务就无法正常运作。在攻击期间，企业还被迫关闭了整个网络，因而妨碍了任何形式的电子通信的发生。在各个行业中，网络攻击都可能会对生产系统造成损害。武器化的网络攻击甚至可能通过破坏硬件设施来破坏工业机器。

随着世界范围内竞争局势的变化，人们担心会出现一波又一波的针对工业部门主要参与者的网络攻击。攻击趋势发生了根本性的转变，因为黑客不再只是贪图盗取资金或勒索钱财，他们还通过网络攻击控制着生产线上的机器的自动化流程和系统，从而造成更大的破坏。网络攻击正在进入危险阶段，可能造成人身伤害甚至死亡。

无论如何，生产损失正在上升到新的高度，并变得越来越严重。2016 年，一种名为 WannaCry 的勒索软件攻击能够加密许多工业流程中使用的计算机。一些医院受此影响，导致部分关键计算机（例如用于维护生命支持系统或安排医疗设施中的操作的计算机）变得无法使用。这导致的损失极其严重，甚至危及人命。其他影响深远的方面还包括环境影响、监管风险和受害者将面临的刑事责任。

3.2.2 经济损失

网络犯罪已成为许多国家或地区的经济灾难。据估计，每年至少有 6000 亿美元通过网络犯罪从全球经济中流失。6000 亿美元是个天文数字，这一损失的影响也颇为广泛，包括影响就业机会。网络犯罪正在损害经济，而这反过来则损害了就业市场。

全球企业每年因网络犯罪而遭受的损失相当于全球 GDP 的近 1%，它正在影响新增就业机会、创新和经济的增长。

因此，网络安全公司 McAfee 和美国战略与国际问题研究中心（Center for Strategic and International Studies，CSIS）的一份报告提到，网络犯罪估计每年给全球经济造成 6000 亿美元的损失，远高于 2014 年的一项研究所表明的 4450 亿美元。

企业正受到商业间谍活动的攻击，其商业机密正在被海外竞争对手窃取。从长远来看，由于市场上充斥着与正品类似的便宜且不合格的产品，相关企业将持续面临亏损。这迫使曾经快速发展、开设多个分支机构并雇用数千名员工的公司开始缩减规模并裁员。据估计，在美国，网络犯罪已造成超过 20 万个工作岗位的流失。网络犯罪造成的群众失业以及金钱流失使它成为全球都在关注的主要问题。但是，避免损失可能为时已晚，许多行业的商业机密已经被窃取。许多企业甚至不知道自己曾遭到攻击并且其商业机密已经被盗。由此看来，经济损失可能还会持续下去。

3.2.3　品牌和声誉损失

为保持一定的市场份额并且持续让投资者满意，企业将花费大量资金来建立自己的品牌。假若品牌没有足够的影响力，一些公司可能会被遗忘。网络攻击往往会产生负面新闻，这会损害公司的品牌和声誉。投资者可能疯狂出售股票以防止股价进一步下跌，持股的股东不确定他们是否能追回被套在股票中的钱。随后，顾客不再信任受害公司的商品和服务。紧接着，竞争对手利用这种情况并加强营销，以吸引受害公司的顾客和投资者。由于网络攻击无法预防，因此这种情况可能在一天或一周之内发生。投资者总是希望投资他们信任的公司，而顾客总是希望从他们信任的公司购买服务。当网络攻击破坏了这种信任时，投资者和顾客都将转向他们信任的公司。网络攻击对品牌的损害是非常严重的。雅虎就是一个很好的例子。在雅虎发生 3 次安全事件之后，Verizon 以比前一年提出的收购价少 40 亿美元的价格收购了该公司，而在当时，这些攻击事件并没有被公开。因此，雅虎由于网络攻击造成的品牌破坏效应而损失了近 40 亿美元。针对雅虎的集体诉讼也导致其估值下降。

3.2.4　数据丢失

尽管云的好处多多，但据说出于安全方面的考虑，企业放慢了迁移上云的步伐。那些了解云概念的公司大部分都只完成了一半的云迁移，而不会冒险将关键数据交给云服务供应商。

许多企业花费大量资源来保护其系统和网络，以降低潜在的数据丢失风险。这些企业之所以劳神费力地采用这种方式，是因为他们可以确保那些高价值的数据不会丢失，例如商业机密。如果黑客发现了用于解锁 iPhone 的密钥，那么他们可以通过将该密钥出售给地下市场来赚钱。这种信息的价值已经高到苹果公司不愿意向当局提供密钥以破坏锁定机制，并协助调查恐怖分子。这不是苹果公司不支持反恐战争，而是为了保护其所有用户。以下是关于苹果公司拒绝为 FBI 解锁 iPhone 的文章的摘录。

"苹果公司 CEO 蒂姆·库克告诉员工，苹果公司拒绝与美国政府合作解锁圣贝纳迪诺袭击事件的两名枪手之一塞德·法鲁克用过的 iPhone，这一举措是为了捍卫公民自由。"

任何公司都不会将如此敏感的信息交给第三方。对苹果公司而言，如果黑客窃取了与苹果设备安全措施及其所含有的缺陷有关的文档，该公司将面临股价下跌和客户流失的问题。在提供更加敏感服务的机构中，数据丢失导致的后果将更为严重。例如，据报道，2018 年 6 月，一家美国海军的服务供应商因黑客攻击而丢失了大量数据。在被盗的敏感数据中，包括有关海战、超音速反舰导弹计划以及美国舰艇和潜艇的其他军备和防御细节的敏感数据。

3.2.5 罚款和诉讼

企业可以掩饰网络攻击中的数据丢失，特别是丢失的数据原本就敏感时。健康、个人和财务数据的泄露将造成公司极大的痛苦，这些类型的数据泄露会带来更多损失，包括罚款和诉讼。如果一家公司被黑客入侵，他们不仅得不到同情和安慰，反而还会被起诉，并被处以巨额罚款。

一些法规已经制定出来，用以确保收集个人身份信息的企业对这些敏感数据的保护。这是由于此类信息被盗窃后所带来的影响巨大。在暗网上，对个人身份信息的需求持续升高，这是因为个人身份信息在各个方面都很有价值。例如，如果黑客发现从医院偷来的某些数据中包含政客的健康信息，那么他们可以使用这些数据向政客勒索大量金钱。在另一种情况下，黑客可以使用个人身份信息进行社会工程学攻击。拥有个人详细信息，例如姓名、出生日期、真实居住地址和当前联系方式，对一个熟练的"社会工程师"来说，欺骗目标是一件非常容易的事情。这就是政府制定严格的法律来保护个人身份信息的原因之一。

3.2.6 恢复技术造成的损失

当遭受攻击后，企业将竭尽所能地开展自救活动。一次严重的攻击所导致的后果显然并不美好，企业不得不动用大量资金来处理黑客造成的混乱。一些公司倾向于对他们的信息系统进行全面的审计，以找出被攻击的确切原因或影响因素。攻击事件之后的活动（例如 IT 审计）可以发掘出一些重要信息，这些信息可用于阻止黑客执行同类型的攻击。一些公司更愿意花钱雇用数字取证专家，以找出被攻击的原因，并追踪黑客攻击的痕迹或被盗的数据和钱。利用数字取证技术有时甚至可以追回部分丢失的资产或资金。例如，Ubiquiti Networks 在 2015 年遭到黑客攻击，黑客通过社会工程学攻击窃取了 4600 万美元。利用数字取证技术，该公司成功从黑客的一个海外账户中追回了 810 万美元。尽管有时候所有被盗的钱都可以追回，但在大多数情况下，情况并非如此。以下是有关 Ubiquiti Networks 在被盗 4600 万美元的攻击后追回 810 万美元的文章。

"该事件涉及员工假冒和来自针对公司财务部门的外部实体的欺诈性请求。这种欺诈行为导致子公司所持有的总计 4670 万美元资金转移到了第三方持有的海外账户。"

Ubiquiti 说，到目前为止，他们已经设法追回了损失资金中的 810 万美元，并表示他们还将再追回 680 万美元的损失。至于剩下的能否追回，则不得而知。

简而言之，网络攻击导致的成本很高，在实际攻击发生后，相关费用支出甚至可能会持续好几年。当前估计的受害企业每遭受一次攻击所付出的代价约为 300 万美元，但这仅是统计数字。个别公司可能蒙受更加巨大的损失。由网络攻击导致的各种成本已经在本章中进行了详细说明。但是，与网络安全相关的成本并不仅仅与攻击所带来的负面后果有关。购买网络安全产品是企业面临的一项必不可少的支出。据分析人士所述，有 75% 的网络攻击发生在没有设置任何网络安全产品的个人或企业身上。

3.3　企业网络安全的成本分析

在全球范围内，企业已经意识到，如果在其网络和设备上没有运行网络安全产品的话，他们将无法开展运营。网络威胁一直存在，因此，没有所谓的安全窗口期可以让企业在没有这些安全产品的情况下开展运营。网络攻击已经形成了一个利润丰厚的网络安全产业，因此企业不得不购买多种网络安全产品来覆盖多个威胁领域。企业必须确保其网络的安全性，服务器、主机和任何连接到企业网络的其他计算机都必须受到保护。必须防止内部威胁对企业造成伤害，此外，还必须保护员工免受直接攻击，例如社会工程学攻击。黑客不断发现攻击企业的新途径，因此，网络安全行业需要不断开发产品以防止黑客利用这些途径，企业 IT 支出只会不断增加。最重要的是，企业必须建立抵御网络攻击的机制。这是因为，尽管企业可以在网络安全产品上进行大量投资，但仍不能保证 100% 免受攻击。例如，一名心怀不满的员工可能直接允许黑客访问企业网络。因此，企业需要具备网络弹性，这使企业即使受到攻击也可以快速恢复。当然，做到这一点并不便宜。下面，我们将逐一解析保护企业安全需要付出的成本。

3.3.1 每个金融机构都应该了解 Carbanak

卡巴纳克（Carbanak）是卡巴斯基实验室用于针对金融机构但不限于金融机构的 APT 风格的市场营销的名称。攻击者渗透到受害企业的网络中，寻找可以用来掠取利益的关键系统。一旦他们偷到了足够多的钱，便悄然离去。

3.3.2 杀毒软件

预防是网络安全最常见的形式，许多企业都依赖于防御攻击的工具。大多数操作系统都附带基本的安全产品，提供免费的病毒和恶意软件防护，以保护操作系统免受攻击。这些系统至少可以防止计算机病毒和间谍软件感染计算机。杀毒软件一直在演进，并且行业领导者基于全球威胁环境而不断在杀毒软件中添加更多额外的功能，如图 3-3 所示。例如，经过 2016 年泛滥的勒索软件攻击之后，许多杀毒软件供应商增加了勒索软件保护功能，这很可能是勒索软件在全球范围内所造成的影响而导致的。

	杀毒软件	评价及评分（1～5）	授权许可数量	最佳价格
	卡巴斯基	579条评价 4.0星	3个	24.9美元
	比特凡德	88条评价 3.0星	3个	59.99美元
	诺顿360	1327条评价 4.0星	3个	39.00美元
	BullGuard Premium	2条评价 3.0星	1个	65.18美元
	AVG反病毒	29条评价 3.5星	3个	35.26美元
	ESET NOD32	22条评价 4.5星	3个	38.88美元

图 3-3

3.3.3 终端检测和响应解决方案

终端检测和响应（Endpoint Detection and Response，EDR）解决方案是网络安全市场中的新安全解决方案，它可满足企业持续对终端安全问题和可疑活动进行检测和缓解的需求。这些系统同时提供安全技术和安全状态。与终端防护程序（如杀毒软件）不同，EDR 解决方案不只是专注于抵御威胁的攻击。EDR 解决方案提供对多种终端的持续监控，并有助于发现、调查和响应威胁。它们在传统解决方案之外，提供了一条通向安全的新途径。领先的杀毒软件公司不断宣传并建议其客户向其现有软件中添加更新的模块。可是即便企业进行了额外的投资，但由于杀毒软件依赖于基于签名的技术来阻止攻击的发生，杀毒软件也无法为终端提供全面的保护。这是由于杀毒软件的盲区正在变得越来越普遍，以及黑客使用 PowerShell 等工具来躲避杀毒软件的检测。当攻击发生在终端时，杀毒软件需要人工干预以调查攻击，并且需要更长的时间才能发布攻击的签名并将其更新到其他杀毒软件中。对于某些杀毒软件，攻击签名的更新是手动的，因此网络中的其他终端可能仍在运行程序，而这些程序对于那些已经对网络中的终端造成破坏的新型恶意软件毫不知情。

为了降低终端安全的复杂度，提高其可靠性，EDR 解决方案把多种安全解决方案集成在一个产品之中。它们可以阻止已知和未知攻击、阻止零日攻击、独立处理安全事件；不依赖签名，因此可以脱机运行；可以自动发现网络资产并且还可以进行取证。EDR 解决方案提供了全方位的解决方案，使得企业可以放弃传统解决方案，例如杀毒软件、沙箱、入侵检测和入侵防御系统。管理员无须再监视多个系统，仅需关注一个系统即可。EDR 解决方案是一个平台，企业可以根据需要向其不断添加新的应用程序和服务。因此，EDR 解决方案相当适用于现代攻击环境。

你可以查阅市面上的 EDR 解决方案列表，以及它们的功能和价格信息。

3.3.4 防火墙

防火墙能对流入和流出企业网络的流量进行过滤，但其功能早已不仅限于此，它还包含了其他诸如帮助防御分布式拒绝服务攻击的功能。防火墙发展迅速，并且智能防火墙已经被企业使用，而且比传统的基于规则的防火墙更加有效。这是由于互联网流量变化迅速，而智能防火墙能够区分恶意流量和正常流量。下一代防火墙的出现是网络安全的一大飞跃，使部署了这些防火墙产品的公司可以免受各种各样的互联网威胁的攻击。2018 年基于主机的防火墙产品的成本每年在 40～99 美元，而企业防火墙的成本在 750 美元以上，其价格如图 3-4 所示。

产品	价格	总体评价	测试结果	用户体验	恶意软件检测与清除	拖曳系统资源	许可证数量
Bitdefender Internet Security...	$51.99 @Bitdefe...	9.9	10	9.8	100%	97%	3
Kaspersky Internet Security ...	$39.99 @Kaspers...	9.8	9.8	10	100%	95%	3
McAfee LiveSafe	$99.99 @McAfee ↗	9.5	9.8	9	99%	95%	10
Avira	Check Price ↗	9.4	10	8.3	99%	99%	1

图 3-4

3.3.5 入侵防御系统

入侵防御系统部署在企业网络上,以帮助检测和防止网络上的可疑活动,例如枚举攻击。攻击通常始于一些可疑的活动,例如,攻击者试图了解有关网络及其连接设备的更多信息。入侵防御系统非常昂贵,但是对于提高企业网络的安全级别却是必要的。2018 年,入侵防御系统的平均价格为 6 万美元,而性能较差的产品的平均价格为 5000 美元。

3.3.6 加密

加密是企业用来保护其数据安全的常见安全机制。加密算法的质量和成本各不相同,算法的成本通常取决于要使用多少资源来加密或解密数据。据说,被盗的雅虎用户数据使用的是易于破解的 MD5 算法进行加密。企业致力于开发易于使用、经济实惠且能够抵御破解攻击的加密软件。市面上有免费的全盘加密软件,也有付费的高级版本的加密软件,购买高级版本的加密软件所需付出的平均成本在 2018 年的时候为 230 美元。除了对主机进行加密之外,企业还必须向访问其网站的用户提供 SSL 加密数据连接。SSL 证书由不同的供应商提供,它可确保用户与企业服务器之间的连接的安全。有免费的 SSL 证书可供企业使用,而付费的基本版 SSL 证书每年起价约为 249 美元。图 3-5 所示是 SSL 证书的市场领导者 Thawte 提供的不同类型 SSL 证书的价格清单。

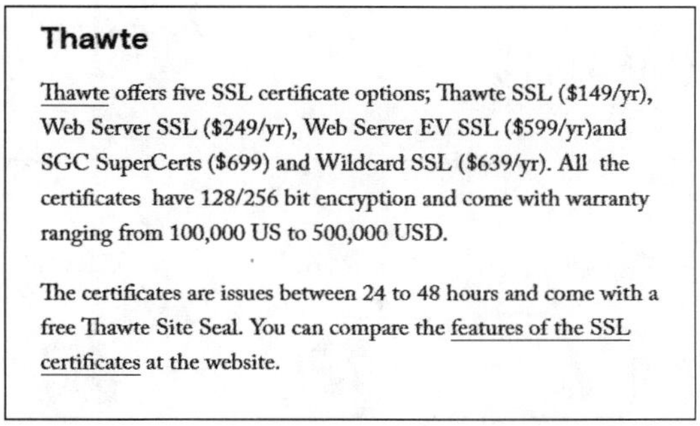

Thawte

Thawte offers five SSL certificate options; Thawte SSL ($149/yr), Web Server SSL ($249/yr), Web Server EV SSL ($599/yr)and SGC SuperCerts ($699) and Wildcard SSL ($639/yr). All the certificates have 128/256 bit encryption and come with warranty ranging from 100,000 US to 500,000 USD.

The certificates are issues between 24 to 48 hours and come with a free Thawte Site Seal. You can compare the features of the SSL certificates at the website.

图 3-5

企业还必须购买许多其他更高级的安全产品，至少需要购买前面介绍过的产品。为使网络具备弹性，企业往往设立了备用站点，这意味着企业必须在网络安全方面进行加倍的投入以保护这些并没有被真正使用的站点。尽管为确保企业网络安全需要进行大量的资金投入，但为网络安全投资的每一分钱都是值得的。

3.4 微软的安全防御栈

由于微软的 Windows 操作系统是许多金融行业内的企业的核心操作系统，因此我们认为在本书中为其添加一节内容将非常有价值。本节将帮助你基于微软提供的安全功能构建一个完整的终端检测响应解决方案。

为什么我们要介绍基于德意志银行所建议的关于微软的这部分内容呢？因为分析师表示"微软的安全业务应当受到投资者的关注"。

Gartner 对于微软的 SWOT 分析 "SWOT: Microsoft, Security Products, and Features, Worldwide" 也印证了微软是一个安全供应商。

"微软现在是一个安全供应商。安全服务厂商的技术产品经理们可以借助本文，基于微软的安全方法重塑其产品路线图和发现商机。"

3.4.1 微软提供了什么

Windows 10 提供的防御栈如图 3-6 所示。

图 3-7 说明了 Windows 10 的安全功能和优势。

图 3-6

	功能	说明
❶ 设备保护	可信平台模块	Windows使用加密处理器（TPM）加密并保护安全密钥免受攻击
	Windows即服务	通过最新的累积功能和安全性使操作系统始终保持最新状态，以防止被利用
	Windows可信启动	确保Windows引导程序和反病毒软件在任何应用程序/恶意软件运行之前启动
	UEFI安全启动	BIOS系统的替代者，确保启动前硬件和Windows未被篡改
	基于虚拟化的安全技术	将操作系统关键功能容器化，以防止诸如"传递哈希"之类的攻击
❷ 威胁抵抗	SmartScreen	防止用户访问列入黑名单的网站或执行被列入黑名单的应用程序
	Windows防火墙	设备级PC防火墙，以防止未经授权的网络访问设备
	Windows Defender	基于全球最大的威胁数据库的防病毒软件
	微软Edge浏览器	世界上最安全的企业浏览器，其漏洞数量仅为其他浏览器的一半
	WD应用守护	适用于Microsoft Edge的微型硬件隔离的Windows实例，可用于浏览不受信任的网站仅IT或Windows Store批准的应用程序才可运行
	设备守护	
❸ 身份保护	Windows Hello	使用人脸、指纹、生物特征或PIN进行双因素身份验证
	Hello协作设备	使用电话、徽章、可穿戴设备或其他设备，通过Windows Hello解锁PC
	凭据守护	防止用户凭据被盗用并在网络上的其他设备上使用
❹ 信息保护	BitLocker及设备加密	使用加密将数据锁定在硬盘上
	BitLocker to Go	使用加密将数据锁定在移动存储或其他存储设备上
	BitLocker管理及监控	确保企业设备经过BitLocker加密以确保合规性，以存储恢复密钥
	Windows信息保护（曾被叫作EDP，企业数据保护）	将业务数据与个人数据分离以防止数据被共享到非业务文档、应用程序。从设备上擦除数据。在未经管理的机器上无法打开受保护的文档
❺ 入侵检测&响应	Windows Defender高级威胁防护	基于云的全球威胁情报服务，用于检测、调查和响应针对网络的高级攻击。可以了解你是否正在遭受攻击以及被谁攻击
	条件访问	只有符合您的安全标准的未被篡改的设备才能访问相应资源

图 3-7

3.4.2　Windows Defender 安全中心

　　Windows Defender 安全中心包括以下五大功能，可以让你控制和查看设备的安全性、健康状况和在线安全体验。

- **病毒和威胁防护**：提供病毒防护的视图，包括 Windows Defender 安全中心提供的杀毒功能和我们上述讨论过的任何其他杀毒软件。

- **设备性能和运行状况**：提供有关 Windows 最新更新、驱动程序、电池寿命和存储容量的单一视图。

- **防火墙和网络保护**：提供有关网络连接和激活 Windows 防火墙设置的信息。

- **应用程序和浏览器控制**：调整应用程序和浏览器设置，从而在你浏览潜在恶意站点、下载和安装来自互联网的无法识别出处的应用程序和文件的时候警告你，帮助你更加了解情况并确保安全。

- **家庭选项**：可以轻松地管理家庭选项。

3.4.3 Windows Defender

EDR 解决方案意味着保护终端安全，而 Windows 10 内置了 Windows Defender。Windows Defender 包含 5 个子功能：防火墙、防病毒、漏洞利用防护、恶意软件防护和 SmartScreen。

以上功能可以通过 Windows Defender 安全中心控制台进行设置，如图 3-8 所示。

图 3-8

通过实施已知安全措施和对已知危害指标进行检测，这 5 个功能专注于实施预防性措施。独立评测（如由 AV-TEST 进行的测试）显示，和其他商业杀毒软件相比，Windows Defender 防病毒软件毫不逊色，如图 3-9 所示。

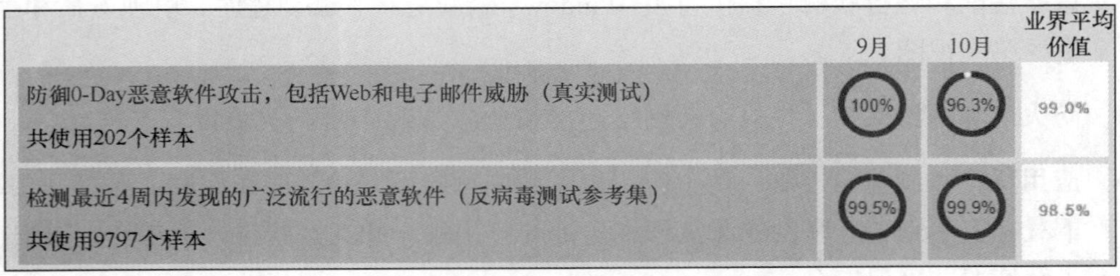

	9月	10月	业界平均价值
防御0-Day恶意软件攻击，包括Web和电子邮件威胁（真实测试） 共使用202个样本	100%	96.3%	99.0%
检测最近4周内发现的广泛流行的恶意软件（反病毒测试参考集） 共使用9797个样本	99.5%	99.9%	98.5%

图 3-9

3.4.4　Windows Defender 漏洞利用防护

Windows Defender 漏洞利用防护是一系列工具和功能的集合，使网络免受攻击。漏洞利用代码是恶意软件的传播媒介，后者依赖于软件中的安全漏洞。

漏洞利用防护通过以下方式提供帮助。

- 在一线阻止攻击。
  - 提高攻击者的入侵成本。
- 减少损坏的防御性措施。
  - 假设前线防御措施可能失效。
  - 提高攻击者实施破坏的成本。
  - 防止横向移动。
- 恢复和响应。
  - 假设所有防御措施都可能失效。
  - 快速响应以检测威胁并中断攻击。
  - 从攻击者无法访问的备份中恢复数据。

3.4.5 受控的文件夹访问

受控的文件夹访问可帮助你保护高价值数据免遭恶意应用程序等威胁的侵害，例如勒索软件。

受控的文件夹访问和 Windows Defender 高级威胁防护配合使用，可以为你提供有关 Windows Defender EG 事件和阻止的详细报告，而这也是常规警报调查方案的一部分。

要启用受控的文件夹访问，请参考图 3-10 所示的屏幕截图。

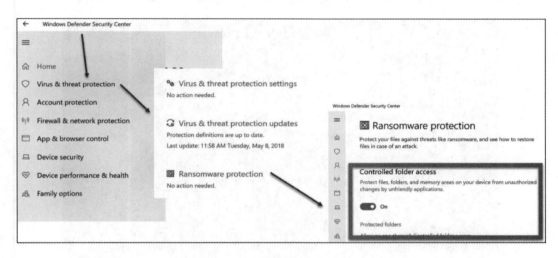

图 3-10

3.4.6 网络防护

网络防护有助于减少设备的网络攻击面，它可以防止员工使用应用程序访问危险网站，这些互联网上的网站可能含有网络钓鱼、漏洞利用代码和其他恶意内容。

它扩展了 Windows Defender SmartScreen 的范围，以阻止任何尝试连接到信誉度较低的目标的出站 HTTP（s）通信，而这也是 Windows Defender 漏洞利用防护的一部分。你可以使用组策略或 PowerShell 以审核或阻止模式启用网络防护功能。你还可以使用 PowerShell 对网络防护进行审计。在"开始"菜单中输入 powershell，右击 Windows PowerShell，然后选择"以管理员身份运行"命令。随后输入以下命令，如图 3-11 所示。

```
Set-MpPreference -EnableNetworkProtection Enabled
```

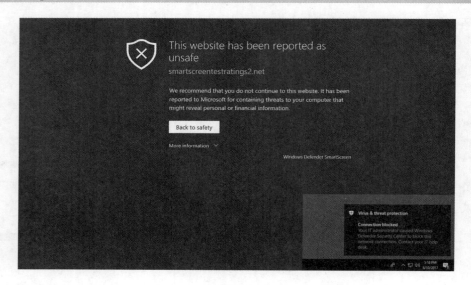

图 3-11

你可以使用以下命令以审核模式启用网络防护功能，结果如图 3-12 所示。

```
Set-MpPreference -EnableNetworkProtection AuditMode
```

图 3-12

网络防护还可以与 Firefox、Chrome 和 Opera 等浏览器一起配合使用。

3.4.7　减少攻击面

减少攻击面有助于阻止恶意软件试图感染计算机的行为。Windows Defender 中减少攻击面的功能由许多规则组成，每个规则都针对恶意软件和恶意应用通常用来感染计算机的特定行为，例如：

- Office 应用程序或 Web 邮件中尝试下载或运行文件的可执行文件和脚本；
- 经过代码混淆的或行为可疑的脚本；

- 应用程序当前执行的行为显著异于日常工作中所发生的行为。

触发规则后，操作中心将显示一条通知。你可以自定义通知，例如将公司详细信息和联系信息添加到其中。你还可以单独启用规则以自定义监控。

3.4.8 Windows Defender 凭据防护

Windows Defender 凭据防护使用基于虚拟化的安全性来隔离密钥，使得只有拥有特权的系统软件才能访问它们。未经授权访问这些密钥可能会导致凭证盗窃攻击，例如"散列传递"或"票证传递"。Windows Defender 凭据防护通过保护 NTLM 密码散列值来进一步换取 Kerberos 服务票证，以及将应用程序存储的凭据作为域凭据来防止这些攻击。

当启用 Windows Defender 凭据防护功能后，便可以使用以下功能和解决方案来保护凭据：硬件安全的 NTLM、Kerberos 和 Cred Man 能够利用的平台提供的安全功能（包括安全启动和虚拟化）。图 3-13 所示是关于凭据防护的说明。

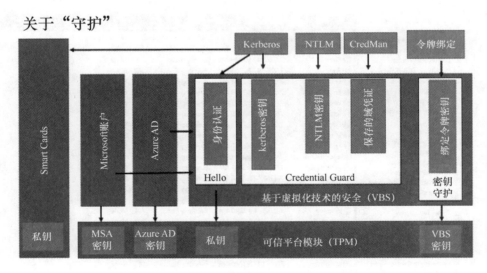

图 3-13

3.4.9 Windows Defender 应用程序防护

威胁形势在不断发展。尽管黑客正忙于开发通过破坏工作站来破坏企业网络的新技术，但网络钓鱼攻击仍是诱使企业员工深陷社会工程学攻击的主要方法之一。

Windows Defender 应用程序防护旨在帮助防御旧的和新出现的攻击，以帮助企业保护员工的生产力。独特的硬件隔离方法可以使当前的攻击方法失效，从而破坏攻击者的计划。

3.4.10　Windows 事件转发

Windows 事件转发（Windows Event Forwarding，WEF）允许将一台计算机指定为事件收集服务器，进而从 IT 和安全人员选择的终端接收所有事件。对于终端上发生的任何事件，Windows 都可以生成粒度非常细的事件日志，这种事件记录功能是目前为止我们所讨论过的 EDR 解决方案的基石，如图 3-14 所示。这些日志可以输入 SIEM 中，进而可以对其进行实时分析，并且可以做出相应的反应或提供建议。

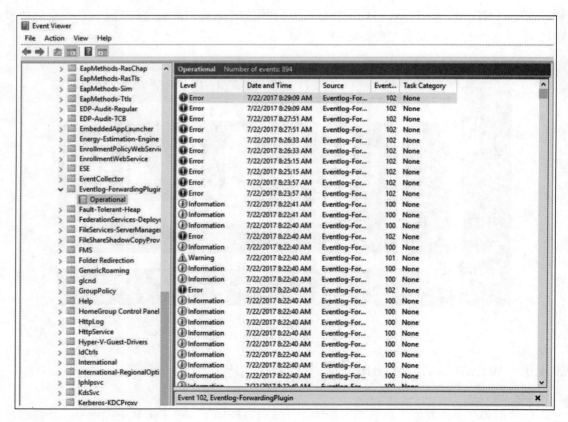

图 3-14

3.4.11 Windows Defender 高级威胁防护

Windows Defender 高级威胁防护（Advanced Threat Protection，ATP）是一项安全服务，使得企业用户可以检测、调查和响应企业网络上的高级威胁。

Windows Defender 高级威胁防护使用以下内置于 Windows 10 的技术，以及微软强大的云服务。

- **终端行为传感器**。这些传感器收集并处理来自操作系统的行为信号（例如进程、注册表、文件和网络通信），并将这些传感器数据发送到云上私有的、隔离的 Windows Defender 高级威胁防护实例。

- **云安全分析**。利用大数据、机器学习和整个 Windows 生态系统（例如 Microsoft 恶意软件删除工具）、企业云产品（例如 Office 365）和在线资产（例如 Bing 和 SmartScreen URL 信誉库）将行为信号转化为洞察数据，来检测结果以及对高级威胁进行建议响应。

- **威胁情报**。威胁情报由 Microsoft 漏洞猎人和安全团队生成，并由合作伙伴提供的威胁情报加以增强，这使得 Windows Defender 高级威胁防护能够识别攻击者所使用的工具、技术和过程，并且在从收集到的传感器数据中检测到这些威胁的时候生成警报，如图 3-15 所示。

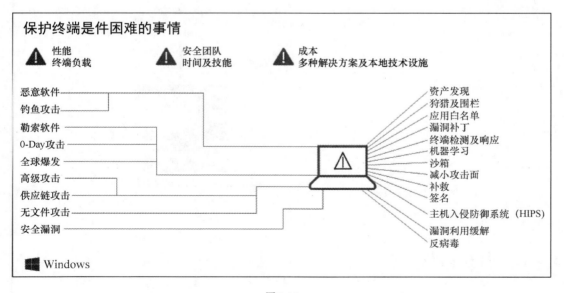

图 3-15

本服务中的机器调查功能可以帮助你深入研究安全警报，并了解潜在漏洞的范围和性质。你可以提交文件进行深入分析并接收结果，而无须离开 Windows Defender 高级威胁防护主页。自动化的调查和补救功能通过利用各种检查算法来应对攻击事件，从而减少了警报数量。

Windows Defender 高级威胁防护与计算机上的现有 Windows 安全技术配合使用，例如 Windows Defender 病毒防护、AppLocker 以及 Windows Defender 设备防护，如图 3-16 所示。它还可以与第三方安全解决方案和反恶意软件产品一起使用。

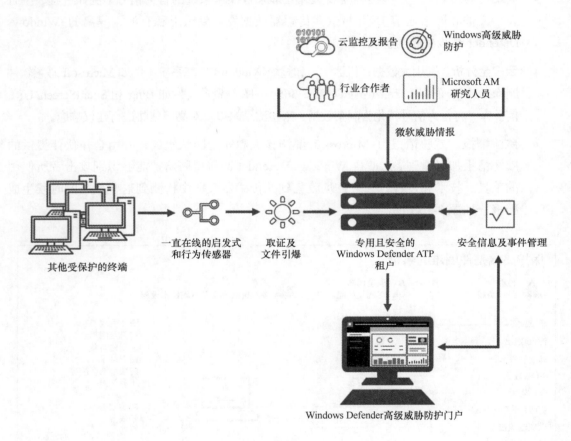

图 3-16

3.4.12 保护特权身份

特权身份是具有更高权限的账号，例如域管理员群组、企业管理员群组、本地管理员甚至高权限用户群组成员的账号。特权身份也可以是一些被直接授予了特权的账号，例如被授予了执行备份、关闭系统权限的账号，或者在本地安全策略控制台中的用户权限分配节点中列出的其他权限的账号。

我们需要保护这些特权身份免遭潜在攻击的侵害。其中最重要的是了解身份是如何被盗的，然后就可以制订计划来阻止攻击者盗取这些特权身份。

3.4.12.1 特权身份如何被盗

通常，当企业没有保护特权身份的指南的时候，特权身份就会被盗。以下是一些例子。

- **超出实际所需的特权**。最常见的问题之一便是用户拥有了超过完成工作职能所需的特权。例如，管理 DNS 的用户可能同时也是 AD 管理员。通常来讲，这样做是为了避免配置不同的管理级别。但是，如果像这样的账号被盗，攻击者就会直接获得特权。

- **始终以特权账号登录**。另一个普遍的问题是，具有特权的用户可以无限期地使用这个账号。这对 IT 专业人员来说非常常见，他们使用特权账号登录计算机，保持登录状态并使用特权账号浏览网页以及使用电子邮件（典型的 IT 工作职能）。特权账号的无限期持续使用使得该账号更容易受到攻击，并且增加该账号被盗用的概率。

- **社会工程研究**。大多数黑客会首先研究一个企业，然后对其进行社会工程学攻击。例如，攻击者可能进行电子邮件网络钓鱼攻击，以破坏可以访问企业网络的合法账号（但不一定是特权账号）。然后，攻击者使用这些合法账号进一步对企业网络进行其他研究，以寻找可以执行管理任务的特权账号。

- **利用被授予了特权的账号**。即使是网络中的普通用户账号（即非特权账号），攻击者也可以利用它盗取具有特权的账号。更为常见的方法之一是使用"散列传递"或"令牌传递"攻击。

当然，攻击者还可以使用其他方法来寻找和盗取特权账号（攻击手段日新月异）。因此，让用户使用仅具有最小权限的账号以降低攻击者获取特权身份的概率的做法非常重要。

3.4.12.2 如何防止攻击者盗取特权身份

你可以使用表 3-1 中描述的缓解措施来减少 3.4.12.1 这一部分内容中提到的特权身份的攻击面。

表 3-1

攻击向量	缓解措施
超出实际所需的特权	使用 Windows PowerShell 为所有管理 Windows 服务器以及管理 Windows 服务器上运行的应用和服务（例如 Exchange Server 或 Exchange Online）的 IT 专业人员分配刚好够用的权限
始终以特权账号登录	对所有需要特权的用户实施实时授权，以便特权只能在有限的时间范围内使用。本地管理员密码解决方案（Local Administrator Password Solution，LAPS）虽然简单但功能强大，许多企业将其作为服务器和客户端系统的实时授权管理机制
被盗的身份以及散列传递攻击	实施微软高级威胁分析（Advanced Threat Analytics，ATA）以帮助检测本地服务器中的被盗特权身份。ATA 是一种本地解决方案，可用于管理物理和虚拟化的工作负载

3.5 小结

本章介绍了与网络攻击和网络安全相关的成本。首先分析了不同网络安全专家关于网络攻击成本的报告。其中大多数事实表明，现如今每次攻击使受害企业损失了大约 300 万美元。美国发生的攻击次数较多，且平均损失较高，平均每次攻击使企业损失 1100 万美元。由于平均损失这一数字太过于笼统，因此本章仔细研究了埃森哲的一份报告，并列出了部分攻击给企业带来的损失。

埃森哲公司称，给企业带来成本最高的 3 种攻击是恶意软件攻击、基于 Web 的攻击和拒绝服务攻击。为了介绍有关网络攻击和网络安全成本的更多信息，本章将这些成本分为两类：攻击所造成的损失和保护企业免受攻击的费用支出。在攻击所造成的损失这一类别中，本章详细说明了与攻击关联在一起的损失，分别是生产损失、经济损失、品牌和声誉损失、数据损失、罚款和诉讼、恢复技术造成的损失。在保护企业免受网络攻击的费用支出这部分里，本章介绍了企业通常使用的基本安全产品，分别是杀毒软件、防火墙、入侵防御系统和加密。随着网络安全行业的发展，这些成本将继续增长。但是，应该指出的是，无论是网络攻击所导致的损失，还是为网络安全所支出的费用，都是一笔昂贵的开支。

在第 4 章中，我们将重点介绍金融服务威胁的情况，并了解针对最终顾客的威胁与针对金融机构的威胁之间的区别。

04

第 4 章

威胁态势

尽管金融服务行业是受到严格监管的行业，但许多金融机构已经开始采用云服务、物联网（IoT）或社交媒体等新技术来创建新的业务模型并吸引新客户。除了新技术，持续降低成本来为股东提供价值也是金融服务行业追求的目标，这主要是通过外包来实现的。尽管以上两个领域对于确保业务增长都很重要，但这也为金融机构带来了新的威胁。任何成功的 IT 和安全部门都需要考虑这些威胁。

在探究金融服务威胁态势的时候，需要区分面向最终用户的威胁和针对金融机构本身的威胁。本章将对金融服务行业所面临的这两类威胁进行介绍。

4.1 对最终用户的威胁

针对最终用户的威胁的主要目标是窃取财务记录或者进行财务欺诈。最终用户面临的威胁可以分为以下几类，如图 4-1 所示。

图 4-1

4.1.1 信用卡欺诈

信用卡欺诈是指威胁行动者在未经用户授权的情况下盗刷信用卡以获取财物。威胁行动者主要利用不安全的网站来获取他们实施欺诈所需的信息。Equifax 公司发生数据泄露事件之后，信用卡欺诈行为增加了 15%。图 4-2 按类型展示了 2014 年发生在美国的信用卡欺诈情况。

图 4-2

4.1.2 信用卡假冒申请欺诈

信用卡假冒申请欺诈是指威胁行动者冒充受害者申请新的信用卡。威胁行动者通常会利用社会工程学技术以预先获得申请信用卡时所必需的信息，从而使他们能够在申请信用卡的过程中顺利提供这些信息。为了应对信用卡假冒申请欺诈的威胁，金融机构也开始要求信用卡申请者在线提交相关信息的同时出示对应的原始文档。实施欺诈的步骤如图 4-3 所示。

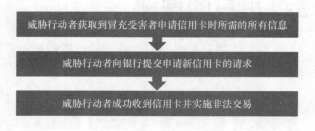

图 4-3

4.1.3 无卡欺诈

无卡欺诈是指威胁行动者在在线交易过程中使用受害者的信用卡，而不是物理上出示信用卡。威胁行动者通常利用社会工程学技术（例如垃圾搜寻、网络钓鱼或编造借口）来获取信用卡卡号和有效期。为应对无卡欺诈的威胁，如今许多商家要求顾客提供验证码（美国运通卡除外）。验证码是信用卡背面的 3 位数代码。但是，验证码只有 999 种组合，因此威胁行动者可以不断地在多个商家依次尝试交易，而且通常只需少量的交易就能破解出正确的验证码。实施欺诈的步骤如图 4-4 所示。

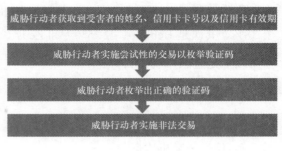

图 4-4

4.1.4 盗号欺诈

盗号欺诈在金融服务行业非常普遍，这种威胁是指威胁行动者非法获取受害者的银行账号和密码。与无卡欺诈类似，这种威胁通常利用社会工程学技术来实现。在盗号欺诈过程中，威胁行动者一般会仿冒金融机构的合法网站，并诱使受害者进入该网站。通常，受害者不会注意到他们其实不是在访问官方网站，因而继续输入了用户名和密码。实施欺诈的步骤如图 4-5 所示。

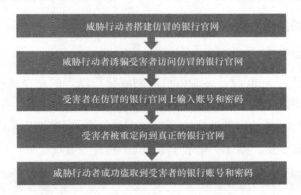

图 4-5

4.1.5 信用卡测试

此类威胁是指威胁行动者使用非法获得的信用卡在多个商户进行小额交易的尝试，而且每次交易的数额都会增加一点，如图 4-6 所示。

4.1.6 金融木马

威胁行动者一直在对开发和部署金融木马持续投入成本，这些木马通常用于对客户和银行进行凭据收集，以便进行欺诈。威胁行动者越来越多地将 POS 机和移动

图 4-6

应用作为目标。赛门铁克称，恶意软件家族 Rammit 是 2016 年最活跃的金融木马，占比达到了 38%。其次是 Bebloh（占 25%）和 Zeus（占 23%）。

以下是金融木马的目标：

- 盗取财务记录；

- 直接盗窃；

- 伪造金融机构通信；

- 恶意控制金融机构系统。

4.1.6.1　案例——BackSwap

BackSwap 不依赖复杂的进程注入方法，而是依赖于窗口消息循环事件。该技术绕过了许多浏览器保护机制。恶意软件分发主要是通过发送恶意电子邮件来完成的。恶意电子邮件中包含了经过混淆的 Nemucod JavaScript 下载器。BackSwap 安装事件钩子，以监视受害者何时访问某个特定 URL，从而使威胁行动者能够确定受害者何时进行在线银行转账。一旦时机成熟，恶意攻击代码就会注入浏览器。

4.1.6.2　案例——Ramnit

当终端设备感染了 Ramnit 时，终端将持续同威胁行动者的命令和控制（C2C）服务器进行通信。这不仅会报告心跳状态，而且会接收配置更新。Ramnit 包含一个中间人 Web 注入模块，该模块允许它在受害者的终端上修改访问的网站。这使威胁行动者能够修改交易内容并添加、删除或修改其他交易。图 4-7 显示了 Ramnit 的攻击流程。

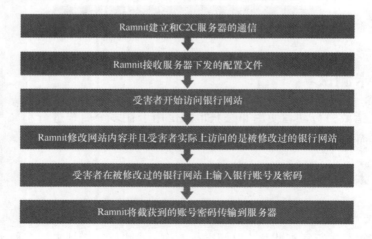

图 4-7

4.1.6.3 案例——Bebloh

Bebloh 是一个监视和捕获银行网站的登录凭据的金融木马，它主要被威胁行动者用于垃圾邮件活动中。Bebloh 涉及的领域比较广泛，从贷款和购物折扣到具有专业主题的电子邮件都有涉及，例如关于人力资源或法律的电子邮件。Bebloh 的某些版本使用创建傀儡进程的手段，而其他版本则在执行图 4-8 所示的攻击过程之前，将其自身解压缩到内存空间中。

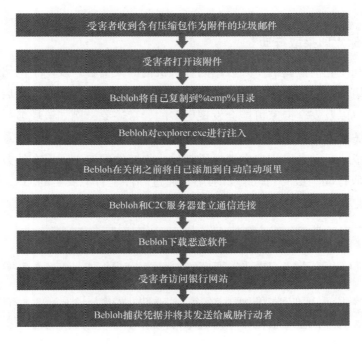

图 4-8

4.1.7　网络钓鱼

在金融服务行业中，网络钓鱼仍然是最常用的攻击技术之一。造成这种情况的主要原因是许多网络钓鱼攻击能造成很大的影响，但威胁行动者并不需要对此进行深入的准备或投入更多的资金。用非专业人士的话来说，网络钓鱼攻击所需要的只是一个看上去能让人相信的电子邮件模板、一个电子邮件地址列表以及一个用于发送网络钓鱼邮件的电子邮件服务。网络钓鱼攻击在身份盗用以及金融欺诈方面有诸多不同的变化，因此它也是一个金融服务部门重点关注的安全问题。应对网络钓鱼攻击的重要性显而易见，这一观点在 2014 年 Gartner 的新闻稿中得到了很好的印证。

2013 年针对网络钓鱼攻击受害者的身份盗窃欺诈造成美国银行和信用卡发行机构损失了约 12 亿美元。

联邦存款保险公司（Federal Deposit Insurance Corporation，FDIC）对维护美国金融体系的信心负责。FDIC 在其网站上对网络钓鱼一词的定义如下。

术语"网络钓鱼"（犹如钓取机密信息那般）是指涉及欺诈性地获取和使用用户的个人信息或财务信息的骗局。

案例——"需要你立即采取行动"

威胁行动者利用先前泄露的个人数据向金融机构的大量客户发动了网络钓鱼活动。威胁行动者为进行网络钓鱼攻击而进行了相关准备，例如复制了银行网站、开启了凭据收集器。经验更丰富的用户以及安全专家可能会发现更多的异常迹象，例如该域名是在过去 5 天内注册的、该域名的注册人是在内华达州拉斯维加斯的一家货架公司以及该恶意网站上的文字有许多语法错误。威胁行动者向用户发送电子邮件，告知他们发生了潜在的数据泄露事件，并要求他们立即采取行动。威胁行动者要求用户通过邮件里看似安全的 URL 登录金融机构网站。图 4-9 所示是发送给大量用户的网络钓鱼电子邮件的截图。

亲爱的×××

近期我们的银行官网遭遇了黑客攻击。保护顾客的账号及资金安全对我们而言是最重要的事情，因此我们特与你取得联系，希望你立即重置自己的账号密码。

目前政府相关部门正在帮助我们处理此次安全事件，他们协助构建了一个安全的重置密码的网站，而无须你到银行柜台执行线下操作。请使用本邮件中的 URL 来重置密码。与此同时，为保护你的账号安全，在重置密码过程中你需要提供以下信息：

- 身份证号
- 身份证上的姓名
- 家庭住址
- 电话号码
- 最近 3 次交易金额及相关商户名
- 账户余额
- 网银用户名及密码

我们非常重视你的账户安全，因此我们希望你能在收到本邮件后的 5 个工作日内完成密码重置操作。如果你需要任何支持与帮助，请通过安全专用热线与我们取得联系：××××××
安全 URL：××××

感谢你的支持与配合

×××
金融反欺诈检测及调查部
×××

图 4-9

4.1.8 假托

除了网络钓鱼活动以外，假托是金融服务行业中另一种经常被用到的社会工程学技术。威胁行动者通过欺骗受害者的方式获得特权数据。假托通常使用一些骗局，以便把威胁行动者包装成值得信赖的人。威胁行动者可以采用的策略有很多，最常用的方法之一是直接给受害者打电话，假装是问卷调查公司的员工，然后向受害者提出一系列问题。

4.1.9 垃圾搜寻

垃圾搜寻也称为垃圾清理，是一项非常古老的社会工程学技术。这是指威胁行动者通过翻看受害者垃圾箱来发现有价值的信息的行为。许多用户会把他们收到的来自公司的陈旧信件放进垃圾箱，这其中包括银行发来的信件。威胁行动者经常能通过这种方式找到组织结构图、公司政策文档以及采购历史记录。

4.1.10 移动欺诈

对金融机构来说，手机网银是一种新的欺诈载体，并且许多业务部门都在向最终用户提供类似的服务。移动欺诈是指威胁行动者利用移动平台的优势获取信息或直接实施欺诈。现在，许多金融机构已经意识到移动欺诈的增加，并且已经在其移动应用中引入多因素身份认证（Multi-Factor Authentication，MFA）。实施移动欺诈对威胁行动者而言很简单，最常用的技术是对合法移动应用程序进行重打包，然后想办法把恶意版本的应用程序分发给最终用户。

4.2 对金融机构的威胁

除了最终用户会面临威胁外，金融机构本身也面临风险。对金融机构的威胁可以分为图 4-10 所示的几类。

图 4-10

4.2.1　ATM 攻击

尽管安全厂商和操作系统提供商持续在安全方面进行投资，但 ATM 攻击仍在增加。这主要是因为 ATM 使用的安全控制措施比较老旧。到目前为止，许多 ATM 都运行在 Windows XP 或 Windows 7 操作系统上，这些操作系统提供的安全控制措施（例如终端检测和响应）非常有限。尽管在欧洲由于引入了芯片银行卡使内存抓取这一经典威胁的数量减少，因而攻击趋势有所减缓，但就全球整体而言，ATM 攻击每年仍在持续增加。威胁行动者有以下两种方式来执行 ATM 攻击。

- 通过偷来的钥匙或撬锁获得对 ATM 的物理访问权限。一旦能够从物理上访问到 ATM，威胁行动者就能将攻击代码植入其中。
- 通过对金融机构实施复杂的攻击而入侵 ATM 网络。许多金融机构都允许远程连接到 ATM 并进行文件传输和执行命令。

4.2.2　POS 攻击

ATM 攻击和 POS 攻击本质上很相似，但是威胁行动者采取的方法有所不同。这样做的原因是，POS 设备是为便于消费者在零售商店、银行或保险分支机构使用信用卡而设计的。这些设备几乎没有物理访问控制措施。因此，威胁行动者可以在没人注意的情况下悄悄将恶意代码注入这些 POS 设备中。

4.2.3　拒绝服务

拒绝服务攻击通常用于掩盖更大的金融欺诈活动。威胁行动者试图使 IT 和安全部门人员变得忙碌，然后进行更大的金融欺诈。

DDoS 攻击可以包括以下内容：

- 攻击银行官网，使最终用户无法登录；
- 攻击电信运营商，使最终用户无法和客服取得联系；
- 攻击金融机构网络，使他们无法与 ATM 和 POS 设备进行通信。

4.2.4 勒索软件

尽管勒索软件是一种跨行业的威胁，但在金融服务行业中尤为严重，原因在于 WannaCrypt 以及 Petya 的大规模爆发将对全球经济产生重大影响。当金融机构因为勒索软件而无法运营时，受到影响的不仅是最终用户，政府也会受到影响，当攻击目标是一个国家或地区的重要银行时更是如此。

4.2.5 敲诈

当金融欺诈失败时，威胁行动者通常会转而进行敲诈。他们不会轻言放弃，而是试图敲诈金融机构，威胁说如果不支付一定的费用，他们就会将最终用户的数据或系统漏洞公之于众。

4.3 小结

针对金融服务行业的攻击技术多种多样，了解针对最终用户的威胁与针对金融机构的威胁之间的区别非常重要。本章通过实用的方法介绍了每个威胁的关键内容。

第 5 章将重点介绍网络钓鱼、垃圾邮件以及金融诈骗中用到的技术，以及它们是如何窃取用户资金和数据的。

05

第5章
利用网络钓鱼、垃圾邮件以及金融诈骗窃取数据和资金

在网络安全威胁当中，网络钓鱼、垃圾邮件以及金融诈骗引起了用户、企业组织以及网络安全公司和执法机构的注意。本章将揭开这些威胁的神秘面纱，并详细解释这些威胁发生的过程、使用到的软件以及如何从用户那里窃取金钱和数据。网络钓鱼可以在很多行业里发生，是许多企业面临的持续性的威胁。本章将介绍网络钓鱼攻击是如何发动的，并讨论一些现实生活中臭名昭著的网络钓鱼攻击案例。最后，本章还将介绍垃圾邮件，并讨论它是如何被用来骗取金钱的，以及垃圾邮件的危险性。本章内容将通过以下两大主题进行呈现：

- 网络钓鱼；
- 垃圾邮件。

5.1 网络钓鱼

网络钓鱼是互联网中众多的古老陷阱之一，它最早可以追溯到个人计算机和电子邮件刚开始普及的时代。网络钓鱼是一种网络攻击技术，攻击者通过发送号称来自某个知名企业的电子邮件的方式来收集受害者的敏感信息。不过，网络钓鱼也有多种形式，除了收集敏感信息之外，还可用于其他目的，例如说服毫无戒备之心的人向攻击者汇款。网络钓鱼有别于其他形式的网络攻击，攻击者首先要伪装成可信任的

组织或个人来获取受害者的信任。根据网络钓鱼目标的不同，攻击者用来编造成为可信组织或个人的内容会有所不同，例如税务机关、银行、学校、高级管理人员、朋友甚至家人。为了赢得受害者的信任，网络钓鱼者可以将自己伪装成任何组织或个人。网络钓鱼一词是双关语，与钓鱼类比，钓鱼者将鱼饵扔入水中，如果鱼咬了鱼饵则会被鱼钩捕获；在网络钓鱼中，受害者类似于鱼，而受害者所信任的组织或个人则为鱼饵。当受害者咬住鱼饵时，他们就被捕获了。如今，网络钓鱼的目标也变得多种多样。大多数网络钓鱼攻击都将骗取私人信息作为目标，例如实施网络钓鱼以骗取受害者的网络银行或者敏感系统的登录账号。另一个常见的目标是通过向受害者索取钱财的方式来直接窃取资金。身份盗用也是网络钓鱼的一种常见目标，在这种情况下，攻击者希望可以获得关于受害者的一些信息，以便于进一步窃取受害者的身份信息，被盗的身份信息可用于后续的网络钓鱼攻击。以上便是网络钓鱼的一些常见的目标。

多年来，网络钓鱼攻击如浪潮般给用户造成了一次又一次的沉重打击。最早的网络钓鱼浪潮之一是一个所谓的尼日利亚王子骗局。在这个骗局中，攻击者向受害者发送电子邮件，声称自己是尼日利亚王子，并且从其父母那里继承了巨额遗产。但是，他因为某种情况无法直接接收这笔遗产，所以需要寻找可以帮助他接收遗产的志愿者。掉入这个陷阱的受害者通常会被要求向攻击者的账户里转一笔账，号称是处理汇入受害者银行账户的巨额款项而产生的手续费。不过，受害者并不能如愿以偿，他们会一直被不停地要求转账，直到受害者发现这是个骗局为止。

另一次网络钓鱼浪潮的发生伴随着一些知名公众人士的亲密照片被公之于众。在很多情况下，这些丑闻事件的责任都转移到了不安全的云服务提供商身上。这些名人声称他们的云服务提供商未能保护其账户免受黑客攻击。然而，在事件发生前，有不少攻击者向名人发送网络钓鱼电子邮件，骗取他们的云平台登录账号。骗取到名人的登录信息后，这些照片自然也就被盗并且被公之于众了。

Avast 报告称，2016 年年底，网络钓鱼电子邮件数量出现了激增。该公司报告称，2016年第一季度检测到了 630 万封垃圾邮件，其中网络钓鱼电子邮件激增了 250%，并且这一情况贯穿全年。攻击者也改变了他们的战术，现在他们把攻击目光转移到了越来越大的目标身上。由于网络钓鱼是一种在前几年被忽视的威胁，因此这个报告令人格外震惊。仿佛突然间就有报道称企业因网络钓鱼攻击遭受资金损失，而银行随即发布了关于网络钓鱼电子邮件的免责声明，执法机构也开始执行寻找网络钓鱼者的任务。为了更好地理解网络钓鱼，让我们看一下它的演进过程。

5.1.1 网络钓鱼的演进过程

网络钓鱼的第一阶段是在20世纪90年代末和21世纪初。最初，网络钓鱼仅被归类为电子邮件威胁，因此没有受到太多关注。尼日利亚王子骗局是当时最流行的网络钓鱼类型之一。攻击者利用了受害者的贪婪，并用虚假信息欺骗了受害者。在这一时期，发生了首个针对金融机构的网络钓鱼攻击，目标是一个名为E-gold的支付系统。2003年，发生了另一起针对零售银行的网络钓鱼攻击。2004年，一名美国青少年被捕，因为他创建了一个要求人们提供登录信息的网站，该网站仿冒了美国在线（American Online，AOL）——一个被大量互联网用户使用的网站。在这一年的晚些时候，还有许多其他网络钓鱼攻击成功地对120万个美国目标实施了骗局。这表明黑客们在对常规的尼日利亚王子骗局之外的网络钓鱼形式进行试验。随后发生了更多的网络钓鱼攻击，并且每年将数百万的用户作为攻击目标。随后，网络钓鱼者更新了他们的攻击机制，其中一些攻击者从针对未知目标发动攻击，变为针对一些已知目标发动攻击。攻击者首先盯上受害者公司中的一个人，对其进行背景调查，然后使用获得的信息来向最终受害者发起网络钓鱼攻击。这就是所谓的鱼叉式网络钓鱼（Spear Phishing）。2008年，网络钓鱼又发生了一次飞跃，出现了一种新型网络钓鱼攻击，其将公司首席执行官作为攻击目标，后来这类攻击被称为鲸钓攻击（Whaling）。攻击者向首席执行官发送电子邮件，声称是法院传票，以此敦促首席执行官将其打开。一旦邮件被打开，邮件就把键盘记录程序下载到受害者的计算机上。在被大众所知之前，大约已经有2000名受害者。

2009年，有报道称网络钓鱼很难赢利，并且正在走向死胡同。报告称，攻击者向人们大量发送邮件的成本远远超过了这些攻击所产生的回报。其中，微软也在宣称网络钓鱼无利可图的公司之列。

2009年一篇有关微软揭露网络钓鱼赢利能力的文章

网络钓鱼者们真的赚到钱了吗？还是说网络钓鱼是个无利可图的业务，骗子们在其中浪费了大量时间和资源？微软研究人员科马克·赫利（Cormac Herley）和迪尼·弗洛伦西奥（Dinei Florencio）最近发布了一项研究——"无利可图的努力：网络钓鱼如同公地悲剧"，他们采用了一种概括网络钓鱼者赚钱的经济学方法，并指出网络钓鱼并不如最初想象的那样有利可图。

报告基于以下事实：许多行骗者都使用相同的诈骗故事，因此降低了其有效性；随着网络钓鱼者数量的增加，网络钓鱼可能带来的收入在减少；网络钓鱼似乎没有前途，常见的用于网络钓鱼的故事被进行了分析，许多潜在受害者已经能够分辨一封电子邮件是不是网络钓鱼邮件；大多数行骗者发送的都是纯文本电子邮件，还有语法错误以及雷同的故事，这些故事的目的不外乎都是暗示受害者能够迅速致富；随着越来越多的相似的网络钓鱼电子邮件浮出水面，识别网络钓鱼攻击对任何普通互联网用户来说都变得非常容易。

但是，从 2011 年起，网络钓鱼攻击案件数量再次开始上升。到 2013 年，网络钓鱼逐渐变得失控。在 2012 年至 2013 年期间，被骗的用户数量增长了 87%，达到约 4000 万人。网络钓鱼者不再使用内容千篇一律的电子邮件，而是使用不同的方案来让受害者按照网络钓鱼者的要求行事，仿冒金融机构的网站有所增加。到 2016 年，网络钓鱼已经成为企业和执法界公认的威胁。企业、员工以及最终用户因为遭受网络钓鱼攻击而损失了大量金钱。银行储户抱怨被假装成银行工作人员的不法分子欺骗了。PayPal 在 2009 年的时候还宣布网络钓鱼不值得被列为五大网络安全威胁之一，但该公司之后也开始向用户发出谨防网络钓鱼攻击的警告。企业抱怨说，毫无戒心的员工轻易就把敏感系统的登录账号发了出去，进而导致敏感信息被盗。企业高管也抱怨他们的电子邮箱被恶意人员入侵。网络钓鱼已然成为备受关注的安全威胁。网络钓鱼所攻击的是企业中难以用网络安全软件保护的目标。网络钓鱼攻击有几种类型，我们将在下面进行讨论。

社会工程电子邮件

社会工程电子邮件使用的策略是，让目标信任自己并要求目标在短时间内按要求执行某些操作。社会工程电子邮件通常不使用恶意软件，但仍然可以成功地窃取用户的敏感信息和金钱。这些电子邮件被设计得看似绝对值得信任。与恶意电子邮件相比，社会工程电子邮件的优势在于，企业一直在其组织内部采用安全产品以防止电子邮件中的恶意软件执行或感染主机，但却没有任何安全产品能够保护用户完全免受社会工程学的影响。社会工程师在说服目标对象采取一些在正常情况下不会采取的行动方面特别有才华。社会工程师可以说服目标点击链接、发送凭据，甚至是转账。

受益于可定制的 HTML 电子邮件，社会工程电子邮件的成功概率得到了提高，这些 HTML 电子邮件能够更容易使目标用户误认为电子邮件的内容是真实的。图 5-1 所示是骗子们使用的 HTML 电子邮件的一个示例，这些邮件让受害者误以为它们的来源真实可靠。

从邮件截图来看，用于网络钓鱼的邮件使用了真实的美国劳工部的电子邮件格式。钓鱼邮件的目的是获取包括社会保险号在内的个人详细信息。在数据收集结束时，攻击者将了解到许多与受害者就职相关的信息，这些信息可以用于攻击他们所在的企业。例如，图 5-2 所示的这封电子邮件可以用于攻击初级雇员，然后攻击者使用从受害者那里盗取的详细信息来创建新的电子邮件，进而骗取登录银行系统的账号，或者要求受害者立即进行转账。

Subject: Record Update.
From: "Dept. Of Labor" <records@dol.gov✉>
Date: 1/18/2016 1:57 PM
To: undisclosed-recipients:;

This is an urgent request to update your employment record at the U.S Department of Labor.

Update

Thank you

U.S Dept. of Labor
Frances Perkins Building,
200 Constitution Ave., NW,
Washington, DC 20210

图 5-1

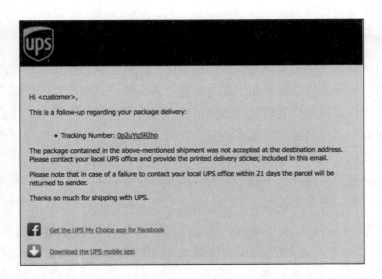

图 5-2

图 5-2 所示是一封预先格式化好的网络钓鱼邮件，它仿冒了人们平常收到的 UPS 邮件的格式。从截图可以看出，这封假冒的电子邮件原封不动地复制了正常 UPS 电子邮件的所有细节。这封电子邮件间接迫使收件人点击带有运单号的链接，而一旦受害者点击它，那么受害者将被

带到一个假冒的 UPS 网站，并要求他们在该网站上进行登录。于是，受害者的登录账号就被盗了。

　　图 5-3 所示是一封 PayPal 网络钓鱼电子邮件的示例。PayPal 骗局已经使许多受害者（包括企业和个人）上当受骗。该电子邮件要求受害者更新其在 PayPal 上的信息。当他们点击电子邮件上的链接时，他们将被带到一个假冒的 PayPal 网站，然后要求他们输入登录账号。一旦受害者照做，攻击者就会在极短的时间内把受害者账户内的资金转走。而那个假冒的登录页面却始终向受害者显示他们输入了错误的登录信息，然后要求受害者执行一个漫长的流程以恢复他们的账号，而攻击者将从他们那里收集到更多的个人信息。

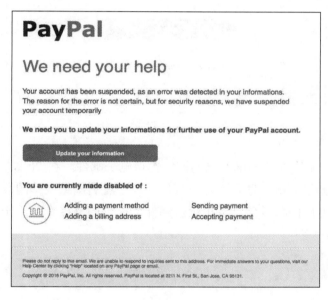

图 5-3

　　网络钓鱼邮件也有变种。在 2017 年 12 月，有一封新版本的网络钓鱼邮件通知用户其 PayPal 账号下有一些无法确认的交易。邮件声称，为安全起见，用户应当登录其账号以检查这些交易。但是，邮件中的链接指向的是假冒的 PayPal 网站，当用户输入登录账号后，攻击者将把资金从受害者的 PayPal 账户中转走。该电子邮件经过精心构造，使用户认为它确实来自 PayPal。邮件的发送地址显示的是 service@paypal.***，而这足以让许多人相信它就是来自 PayPal。但是，仔细检查就会发现，攻击者其实是把他们的账号名字起为 service@paypal.***。因此，对于这封发件方并非是 PayPal 的电子邮件，即便是拥有较强安全意识的用户，也可能会因为看到发件人详情中包含 service@paypal.***的字样，就认为这是一封真实合法的电子邮件。图 5-4 所示的便是 PayPal 网络钓鱼邮件的新变体。

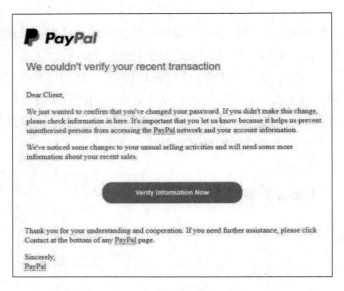

图 5-4

图 5-5 所示是一封冒充美国国税局的网络钓鱼电子邮件。在 2016 年和 2017 年的美国税收季中，发生了多起盗窃信息和资金的案件。攻击者利用纳税季的混乱状况，向许多人发送电子邮件，告诉他们账号信息不正确。邮件中提供的链接专门用于从受害者那里窃取个人信息。

图 5-5

5.1.2 鱼叉式网络钓鱼

鱼叉式网络钓鱼（Spear Phishing）是另一种常见的从受害者那里窃取金钱和敏感信息的技术。对普通的网络钓鱼而言，同一封网络钓鱼邮件会发给很多人，攻击者全面撒网，以此尽可能地欺骗更多的受害者。但是，鱼叉式网络钓鱼所针对的目标却是预先精心选择过的。攻击者会对目标进行大量研究，以确切了解该使用哪些手段来迷惑受害者。鱼叉式网络钓鱼非常危险，因为它可以利用的东西非常广泛。有些时候，针对企业员工的网络钓鱼攻击所使用的信息来自企业的内部威胁者，这些内部威胁者知道企业中员工的职级和职责。然后，攻击者将会编造一封令人信服的电子邮件，试图使受害者执行某个操作。许多企业因其员工遭到鱼叉式网络钓鱼电子邮件攻击而蒙受资金损失。图 5-6 所示是鱼叉式网络钓鱼电子邮件的真实案例。

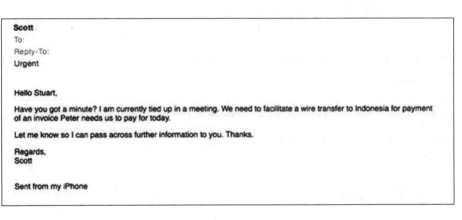

图 5-6

图 5-6 所示是一封来自黑客的鱼叉式网络钓鱼电子邮件，该邮件知道攻击目标的名字及其工作职责。此外，攻击者还知道一位叫斯科特（Scott）的高级职员，他能够授权下属进行付款操作。另外，攻击者还知道该企业的一家供应商或承包商的人叫彼得（Peter）。从电子邮件中可以看到，黑客直接提及受害者的名字，并且告知受害者他正在开会，但希望能紧急进行汇款。受害者很容易就会陷入这种骗局。整个过程中包括的要素，例如真实姓名、汇款的紧迫性以及会议的召开，都是为了促使受害者迅速接受汇款指示。该邮件中的"发送自我的 iPhone"这部分是有意为之的，用以消除受害者的顾虑，因为他们可能会怀疑为什么这封电子邮件里没有企业电子邮件签名，或者像正式邮件那样带有 Scott 的头衔信息。因此，这种鱼叉式网络钓鱼攻击很可能成功。

图 5-7 所示是另一封鱼叉式网络钓鱼电子邮件。在这封邮件中，可以看到攻击者伪装成跟进未付款发票事项的银行员工。在网络钓鱼攻击而导致的资金被盗的方式中，向发票付款这种方式名列前三。因此，这是个很好的例子，能够说明有多少企业在向攻击者付款。在邮件中，从受害者的角度来看，有几个方面增加了这封邮件的可信度。首先，电子邮件的格式正确，很可能与斯特林储蓄银行的电子邮件格式一致。该电子邮件还有银行使用的官方电子邮件签名，其中包含了正确的地址和联系方式。该电子邮件还直接提到了受害者的名字。邮件中，发件人提醒受害者有一笔未支付的发票，以及告知对方参阅邮件附件中的文档。该文档可能是一张假冒的发票，其上的收款人信息可能已经被修改，或者附件其实是一个用于记录键盘操作的恶意软件。无论是哪种情况，收件人都将陷入是否打开附件的两难境地。

---------- Forwarded message ----------
From: **Doug Williams** <chrispid@t-online.de>
Date: Wed, Apr 13, 2016 at 11:47 AM
Subject: Invoice for Lehigh University ; Attention: Controller
To: j

This is a private message for the Controller, Lehigh University. If it is not you, please ignore and discard it.

Hi John Gasdaska,

Since we have not received a contract termination letter, I am assuming that you might have unintentionally overlooked our invoice 04/16000331799 (Unpaid). If you intend to bring to an end the account, just let us know. Be informed that early withdrawal penalties will apply.

Refer to the attached document for billing information.

Regards,
Doug.

Doug Williams
Sterling Savings Bank | Accounting and Billing Team
6400 Uptown Blvd Ne,Albuquerque,New Mexico,87110
T: 866-905-9901 | Copyright © 2016

图 5-7

在图 5-8 中，攻击者采取了多种手段来确保受害者相信电子邮件是真的。首先，他们使用了个人头像图片。这对让受害者在短时间内把攻击者的邮件视为真实邮件而言有极大的帮助。这封邮件直接发给了受害者，此外，邮件开头缺少称呼表明发件人是级别较高的人员，并且此人对雇员粗鲁无礼在这家企业里人尽皆知。邮件内容还要求收件人应当迅速采取行动。邮件也没有适当的签名，这进一步证明发件人具有较高的权力，并且不是一个很有礼貌的人。以上这些因素将使得受害者迫于压力，将员工们的 W-2 文档发给对方。W-2 文档可用于实施税务方面的欺诈。如果受害者发送了所有员工的 W-2 文档，那么发送这封电子邮件的攻击者将收获颇丰。

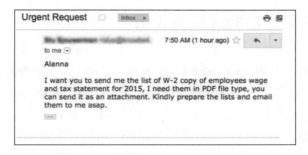

图 5-8

在前面的鱼叉式网络钓鱼电子邮件中，以及从图 5-9 所示的截图中可以看到，他们都有一种共同的模式。首先，请注意，发件人有意在电子邮件末尾添加了"发送自我的手机"字样。因此，即使是缺少适当的格式以及官方电子邮件签名，这封邮件看上去似乎也是可信的。攻击者直接提及收件人的名字，而且只有名没有姓，这暗示邮件是在匆忙之中编写的。邮件内容中的发件人说，有一些关于付款的附加说明，并且必须立即进行支付。为了增加可信度，发件人说他们将在一个小时内与收件人联系，以便于了解付款进度。而这也意味着发件人期望在与收件人联系之前，这笔交易就已经完成了付款。因此，收件人在压力之下进行了支付，并且相信过会儿发件人将会和自己做进一步的沟通。高级职员要求他们的下级执行一项任务，并且在完成任务以后再来澄清的情况并不少见。因此，没有什么可以阻止受害者按照邮件中的要求行事。如今，攻击者很容易就能收集到有关员工的信息并确定谁是高级员工，谁是初级员工。诸如财务总监或者董事之类的高级员工可以轻松地向诸如会计之类的初级员工发送命令，并且这些命令将毫无疑问地得到执行。有许多电子邮件抓取工具可以从社交媒体网站（如领英）收集电子邮件，攻击者随后可将其用于鱼叉式网络钓鱼攻击。

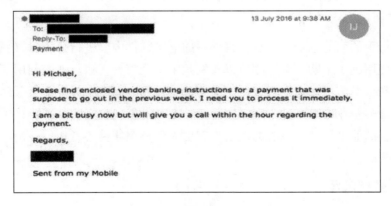

图 5-9

5.1.3 商业电子邮件犯罪或鲸钓攻击

商业电子邮件犯罪（Business E-mail Compromise，BEC）也被称为鲸钓攻击（Whaling）或老板诈骗（CEO Fraud）。这是一种鱼叉式网络钓鱼，它主要涉及入侵企业高管的电子邮件账号，然后用入侵的电子邮箱向企业高级员工发出指示，要求转移大量资金或提供敏感信息。这种网络钓鱼从 2013 年起开始受到关注，美国联邦调查局调查了 2.2 万起案件，发现这些涉事企业曾经对网络钓鱼攻击嗤之以鼻。在 2013 年至 2016 年期间，向美国联邦调查局报告的案件累计损失高达 16 亿美元。攻击者似乎对所有行业都发动了商业电子邮件入侵攻击。但是，他们对房地产代理商表现出了格外浓厚的兴趣。原因在于，一方面房地产公司数量众多，因此可以入侵的电子邮件账号也比较多；另一方面，房地产交易过程涉及巨额资金，这对攻击者也有很大的吸引力。攻击者只需攻破目标企业通信链条中的一个邮箱，在获得访问权限之后，就能暗中观察企业里的所有通信并决定何时向目标发送电子邮件，然后要求对方把资金转到某个账户。

趋势科技是数据安全和网络安全解决方案领域的领军企业，其对 2017 年至 2018 年之间发生的商业电子邮件犯罪事件进行了分析。在当时的分析中，他们发现商业电子邮件犯罪呈上升趋势，到 2018 年年底，这些攻击总共造成了 90 亿美元的损失。据称，商业电子邮件犯罪的实施主要分为以下两种方式。

- 盗窃账号。网络罪犯使用键盘记录器以及网络钓鱼工具包，从目标企业的员工那里窃取账号。网络钓鱼工具包是一个可用于进行网络钓鱼的工具和模板的集合。

- 社会工程电子邮件。此种方式下，网络罪犯们对目标企业发动攻击，但并不会窃取任何账号。他们会发送欺骗性的邮件，让人感觉这些邮件像是来自公司财务部门的高级员工。邮件将直接命令初级员工迅速将一笔款项转入某个银行账户，理由是向供应商或承包商付款。

在对成功得手的商业电子邮件犯罪案件中的电子邮件内容进行分析时，趋势科技观察到，大多数邮件都使用到了采购订单、账单以及发票来让受害者转账。他们利用了企业中的一个缺陷，那就是高级员工可以命令初级员工向第三方转账，而整个过程不会受到初级员工的任何质疑。这在许多企业中是一种常态。实际上，在邮件里包含真实的采购订单、账单以及发票，可以让实施商业电子邮件犯罪的攻击者有更大的概率让受害者相信该请求是真实的，并且必须完成转账。

使用恶意软件盗窃账号

在分析这些商业电子邮件犯罪得以成功实施的因素时，趋势科技发现，有两款恶意软件被广泛使用。以下是这两款软件的介绍。

1. Ardamax

第一个是 Ardamax，它是一个售价为 50 美元的软件，可以让网络罪犯迅速窃取目标用户所使用的账号。Ardamax 是一个键盘记录程序，它安静隐藏在计算机里，暗中记录用户在访问某些敏感系统（例如企业版网银）时输入的用户名和密码。这款软件非常易于隐藏，而且可以作为普通电子邮件附件发送。该软件的一个独特之处在于，可以通过修改文件扩展名的方式，例如修改为 JPG 或 PNG，从而将其伪装成一张看似普通的图片。图 5-10 所示的是将 Ardamax 伪装成 JPG 文件的设置界面。

因此，即使企业员工被告知不要打开邮件中的可疑附件，但也很难要求员工们把一个看上去就是 JPG 图片的附件视作恶意软件。钓鱼电子邮件的内容通常很诱人，只有少数人会拒绝打开附件。附件一旦被打开，Ardamax 就开始进行远

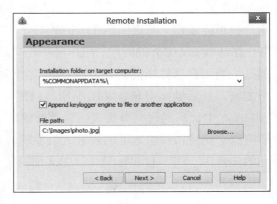

图 5-10

程安装，随后以隐身模式运行。它会收集键盘敲击记录、用户访问的网站、聊天平台上的活动、复制到剪贴板的内容，并且还可以在用户不知情的情况下启动摄像头和麦克风。因此，之前那些截图所展示的邮件中的附件一旦被打开，那么后续攻击成功的概率将会非常高，因为攻击者将通过 Ardamax 收集到大量信息。

2. LokiBot

趋势科技发现，LokiBot 是商业电子邮件犯罪攻击中另一款常用的软件。这款恶意软件可以窃取敏感信息，包括加密货币钱包密码、Web 浏览器中存储的密码、电子邮箱中的联系人信息，以及 PuTTY 等工具中的数据。LokiBot 在 2017 年跻身卡巴斯基危险恶意软件清单，该恶意软件在地下市场的售价是 80 美元。但也有人声称 LokiBot 是另一种恶意软件的修改版本，而原始版本是由另一个黑客在暗网上发布的，零售价为 300 美元。作为领先的安全产品供应商，卡巴斯基警告说，LokiBot 是一种危险的恶意软件，它对 Android 手机也一样能造成威胁。LokiBot 极具欺骗性，它可以模拟多个应用程序的界面，从而导致用户泄露敏感信息。已经观察到的是，LokiBot 可以模拟 WhatsApp、Skype 以及一些电子邮件和银行应用程序。它通过假的应用程序推送通知来触发用户与伪造的应用程序界面进行交互。例如，它可能会发送一条伪造的银行应用程序转账的推送通知。LokiBot 甚至可以让手机震动一下来吸引用

户的注意力。用户在单击推送通知后，将进入一个看上去和正常银行应用程序相同的登录界面。一旦用户在界面中输入密码，LokiBot 就会自动把数据发给网络罪犯，随后将受害者银行账户里的资金转走。

除此之外，LokiBot 能够打开设备上的浏览器并打开恶意网站。LokiBot 还会发送垃圾邮件，它通过向受害者手机中的所有联系人发送 LokiBot 的方式进行自动传播。想要卸载 LokiBot 的尝试通常是徒劳的。该应用程序在最初安装过程中已经获取了管理员权限，并且用户极可能还在无意之间给 LokiBot 授予了其他特殊权限，虽然这对某些应用程序来说很正常。在卸载 LokiBot 的时候，用户需要具有设备管理员权限才能将其从应用程序列表中删除。但是，当用户这样做的时候，LokiBot 会转身变为勒索软件，把受害者手机上的外部存储进行加密，然后锁定屏幕，并要求用户以比特币的形式向指定的钱包地址发送 100 美元。对 LokiBot 中代码的研究分析表明，其背后的黑客也可以通过远程的方式激活勒索软件模块。研究这个比特币钱包地址的研究人员发现，到目前为止，黑客已经赚取了价值超过 150 万美元的比特币。图 5-11 所示为 LokiBot 加密用户手机时显示的内容。

图 5-11

5.1.4　网络钓鱼电子邮件的特征

在对所有网络钓鱼电子邮件（包括我们已经讨论过的网络钓鱼电子邮件）进行分析时可以发现，这些邮件中存在如下模式。

- **紧急性**。网络钓鱼者希望受害者迅速采取行动，不让他们三思而后行。这也是攻击者说他们需要受害者立即或尽快完成某件事的原因。这让受害者在巨大的压力之下，首先完成攻击者要求的操作，然后再去寻求邮件中的发送者的澄清。网络钓鱼电子邮件的语法和格式可能包含错误，但是收件人承受了太大的压力，以至于没有察觉到其中的疑点。一些陷入 PayPal 网络钓鱼诈骗陷阱的受害者在事后感到十分惊讶，因为邮件里多次重复提到"更新你的信息"，而真正的 PayPal 邮件却极少这么做。

- **超链接**。大多数网络钓鱼电子邮件都不提供完整的原始网址链接，而是使用超链接。这是为了隐藏超链接背后真实的网址，这些网址显然不是来自正规的公司。例如，本章讨论过的电子邮件里只有超链接文本或按钮。而来自正规公司的电子邮件里通常在超链接旁边还会附上完整的原始网址。这样做的原因在于，如果用户在打开超链接时遇到问题，他们可以直接把原始网址复制粘贴到浏览器里继续访问网页。

- **附件**。许多网络钓鱼电子邮件都带有附件，并且会明确告知受害者下载并打开它们。这些附件在大多数情况下都用于传播恶意软件。如我们所见，有些键盘记录恶意软件（如 Ardamax）可以以任何文件格式发送，并且当用户打开该文件时，它就会自动安装。

- **奇怪的发件人**。钓鱼电子邮件通常会在发件人的详细信息方面存在一些问题，要么域名是错的，要么用户名不对。在我们讨论的某些电子邮件中，攻击者耍了小聪明，把用户名注册为似乎是正确发件人的电子邮件地址。例如，PayPal 钓鱼电子邮件中，发件人把用户名注册为 support@paypal.***，而实际的发件人的电子邮件地址其实是另一个域名。

5.2 垃圾邮件

垃圾邮件是指向大量受众或邮件列表中的大量用户发送的未经请求的电子邮件。垃圾邮件发送者在过去被认为是无害的，或者仅仅只是恶作剧。例如，有垃圾邮件告诉人们应当在特定时间段关闭互联网，或将特定消息转发给所有联系人。

垃圾邮件中的"垃圾"（spam）一词出现于 1993 年，最初并不是指电子邮件，而是指 Usenet 新闻组网络中大量发布的与用户无关的帖子。当时发生了两起此类事件，其中之一是在许多新闻组中出现了一篇帖子，该帖子向全球发出消息称耶稣即将降临；另一起事件是在更多的 Usenet 新闻组里出现了一篇有关终止绿卡抽签的文章。令人讨厌的是，通过电子邮件发送此类消息的想法在此之后也出现了。1996 年，网络管理员试图阻止垃圾邮件的发送，他们创建了邮件滥用保护系统，并维护了一个 IP 地址名单，其中所列的 IP 地址经常性地传播垃圾邮件。邮件服务器获得这个名单后，会阻止来自这些 IP 地址的电子邮件。但是，这个系统不是很有效，到 2000 年垃圾邮件已经成了一个大问题。2003 年美国颁布了《反垃圾邮件法案》，以期制止垃圾邮件的产生。垃圾邮件发送者随后因传播垃圾邮件而被逮捕、指控和处罚，大多数被定罪的人已经向大量收件人发送了数百万条垃圾邮件。

但是，在 21 世纪初，垃圾邮件已经变得更加强大并且能够获利。垃圾邮件不再只是用来愚弄观众，而是能够从受害者那里赚取钱财。在 2011 年 2 月的《连线》杂志中，美国加州大学圣地亚哥分校的一名学生在 2008 年进行的一项研究被广泛引用，它表明，尽管人们很少回复或与垃圾邮件的互动率较低，但垃圾邮件制造者每天仍然可以获利 7000 美元。尽管后来有人对该数字表示怀疑，但它表明垃圾邮件确实已经成为赚钱的手段。垃圾邮件从那个时候开始进入了一个新的阶段，它被用来向数百万或数十亿的收件人发送广告和恶意软件。接下来我们将分析垃圾邮件的价值链，并研究垃圾邮件发送者是如何发送垃圾电子邮件并从中赚钱的。

5.2.1　垃圾邮件发送者如何获取目标电子邮件地址

垃圾邮件发送者拥有一个巨大的电子邮件收件人列表。有人可能想知道这些电子邮件地址是从哪里获得的。答案是可以利用许多资源来收集邮件地址。首先，聊天室里的用户有可能会把自己的电子邮件地址发出来。其次，攻击者还可以从公开提供员工或客户电子邮件地址的网站上获取这些电子邮件地址。他们还可以从地下市场的卖家那里获取电子邮件地址。这些邮件地址可能来自之前的黑客攻击事件或者来自专门收集电子邮件地址的人。此外，由于企业内部威胁的存在，电子邮件地址也可以从企业的客户列表中获得。企业的一些部门，例如市场部的员工可以访问客户列表，而渴求快速赚钱的员工可能会窃取这些电子邮件地址并将其出售。最后，攻击者还可以用脚本在一些网站（例如社交媒体网站）上收集电子邮件地址。

5.2.2　垃圾邮件发送者如何赚钱

发垃圾邮件的目的在于赚钱。如果发垃圾邮件是一项无利可图的冒险，那么很少有人会做这种既不道德又违法的事情。垃圾邮件发送者通过多种方式来赚钱，以下是相关介绍。

5.2.2.1　广告

许多广告都是通过电子邮件向收件人推销产品，即使这些产品仅能吸引其中的 0.0001% 的人。这个百分比似乎微不足道，不值得为之付出努力。但是，Cyberoam 估计每天有 540 亿封垃圾邮件被发送出去。这些电子邮件中至少有 45% 是有争议的药品的广告。在这种情况下，尽管实际上会与垃圾邮件进行交互或进行购买的人在邮件收件人列表中占比极低，但这一小部分收件人却是垃圾邮件发送者的主要收入来源。此外，销售这些产品的公司也会向垃圾邮件发送者支付一定的佣金。

有时，垃圾邮件发送者可能会使用来自广告代理公司的广告代码并从广告的每次展示中获得报酬。在收到垃圾邮件的数百万人中，如果有一定比例的人打开了电子邮件，那么即使收件人没有购买任何产品，这个动作也将被计入广告展示次数，最终垃圾邮件发送者将获得一些收入。

5.2.2.2 恶意软件

一些垃圾邮件中含有恶意软件，这些恶意软件可能直接出现在邮件附件里，也可能通过附件自动下载并安装在受害者的设备上。然后，恶意软件就开始收集用户的敏感信息。除了键盘记录程序可以收集用户名和密码之外，其他恶意软件也可能被用来从受感染设备的联系人列表中窃取电子邮件地址和电话号码。最后，这些恶意软件还被用于向受害者勒索钱财。以下是一些可以通过垃圾邮件传播的恶意软件的示例。

5.2.2.2.1 Storm

Storm 是一个后门特洛伊木马，经常被垃圾邮件使用。这款恶意软件最初于 2007 年被发现，当时它通过垃圾邮件在美国和欧洲传播，邮件声称在欧洲发生了致命的风暴。许多垃圾邮件都在使用 Storm，并且给邮件配上一个故意编造出来的令人感到震惊或意外的邮件标题。

图 5-12 所示为这种垃圾邮件的一个示例。

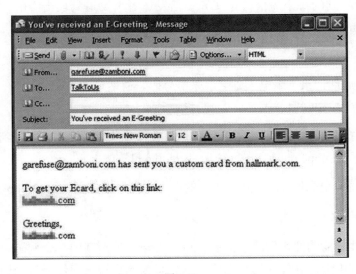

图 5-12

这些或是新奇，或是令人感到兴奋的邮件标题，旨在诱导收件人打开包含 Storm 恶意软件的垃圾邮件。打开电子邮件后，受害者将看到附件中经过伪装的 Storm 恶意软件，其文件名通常叫作"完整版视频""完整版故事""令人震惊的照片""单击此链接"，或者伪装成明信片文件。当受害者下载并打开附件后，恶意软件就会安装到他们的计算机中。在这些计算机里，恶意软件将注入一些攻击代码，以便向更多的人发送包含 Storm 恶意软件的垃圾邮件。如此一来，恶意软件便能够传播到许多的计算机上。Storm 可以使其感染的计算机成为僵尸网络的一员，也可以使其自身获得管理员权限以进一步控制受害者的计算机。

5.2.2.2.2　Triout

Triout 于 2018 年被首次发现，它是一个恶意软件的框架。Triout 可以把合法的安卓应用程序转换为间谍软件。攻击者可以从非法应用程序网站下载这款恶意软件，然后把它重新打包为普通应用程序，当用户下载并安装这个应用程序的时候，它会把手机中的其他应用程序给替代了。通过利用受到感染的应用程序，Triout 可以记录电话和短信、访问照片和视频、拍摄照片或剪辑视频，并且把所有这些信息都发送给攻击者。

根据 Bitdefender 的一篇介绍 Triout 的文章，Triout 具有以下功能：

- 记录每次通话（将通话录音保存为媒体文件），然后将其与受害者手机号一起发送到攻击者的命令与控制服务器（incall3.php 和 outcall3.php）；

- 将受害者收到的每条短信（正文和短信发送者）发送到攻击者的命令与控制服务器（script3.php）；

- 能够隐藏自己；

- 发送所有通话记录（来电人姓名、来电号码、通话日期、通话类型、通话时长）到攻击者的命令与控制服务器；

- 每当用户拍照时，无论其使用前置还是后置摄像头，照片都将发送到攻击者的命令与控制服务器（uppc.php、finpic.php、orreqpic.php）；

- 把受害者的 GPS 坐标发送到攻击者的命令与控制服务器（gps3.php）。

5.2.2.2.3　僵尸网络

通过垃圾邮件传播的僵尸网络恶意软件中，Storm 只是其中一个例子。僵尸网络试图感染尽可能多的计算机以使其加入僵尸网络，这就是为什么垃圾邮件是传播僵尸网络恶意软件的理想方法。虽然 Storm 被评为最具效率的僵尸网络恶意软件，但 Zeus 同样也是一种极具效率的恶意软件。

Zeus 在 2007 年成为众人瞩目的焦点，它主要针对微软的 Windows 用户。Zeus 感染 Windows 计算机，使其成为僵尸网络的一部分，而且还从受害者的浏览器中窃取网银数据。这款恶意软件是如此有效，以至于据说其创造者决定在 2010 年就提前退休了。随后出现了 Zeus 僵尸网络恶意软件的变种，与此同时，一个与之抗衡的工作组也成立了。该工作组由美国法警和技术行业合作伙伴组成，并在 2012 年成功关闭了该僵尸网络。此后不久，又出现了新的变体，FBI 成立了工作组并于 2014 年再度成功将其捣毁。然而，2016 年又检测到了该恶意软件的一个新变种，而且这次感染了更多的操作系统，并且专门窃取加拿大的银行、领先的电子邮件服务提供商、知名社交媒体网站以及加密货币钱包用户的账号。击败 Zeus 的最大挑战在于，它的源代码已经在网上公开发布，因此新的变种必然将持续出现。到目前为止，Zeus 僵尸网络仍在使用当中，也就是说，就算当前这个变种僵尸网络被关闭了，黑客也还是会不断开发出新的变体。

5.2.3　垃圾邮件的特征

以下这些特征可以用于识别垃圾邮件。

- **匿名**。最快捷的办法是通过检查收件人列表来判断电子邮件是否是垃圾邮件。发件人可能会使用密送（bcc）的方式把垃圾邮件一次性发送给许多人。如果你没有出现在邮件的"收件人"列表中，那么你很有可能出现在密送列表里，因此很有可能这是一封垃圾邮件。

- **称呼**。正规合法的电子邮件会在邮件里明确地提到你的名字，但垃圾电子邮件通常含糊其辞，例如只是说"尊敬的客户"或"你好"。

- **语法错误**。大多数垃圾邮件都有语法错误或拼写错误。正规公司发送的邮件通常经过了良好的编辑，以便将语法错误降至最低，而垃圾邮件发送者对于语法则没有那么用心。

- **签名**。正规公司通常会把公司签名包含在邮件里，并且还提供电话号码以便用户与他们取得联系；而垃圾邮件发送者却几乎不使用电子邮件签名，如果用了，也不会把电话号码放上去。

当你在邮件中搜寻到以上特征时，最好不要和发件人联系，或者下载邮件中的任何附件。

图 5-13 所示是一封垃圾邮件的截图。请注意观察邮件中使用的称呼类型，以及引用的那个未知站点，还有就是邮件缺少详细的电子邮件签名。

Hello,

I'm reaching out because I'm experiencing a few minor errors while browsing your site. As a Digital Marketing manager, I know how frustrating things like this can be, so I wanted to reach out to see if I can help.

Mainly, I'm experiencing issues loading your site on my mobile device. This is a fairly common issue, especially since this April, when Google started heavily rewarding sites with a speedy mobile user experience, and punishing those with bulky, lagging designs that aren't suited to small, vertical screens. With over 50 percent of people browsing the internet with their phones, that's a fair share of the market to consider.

Based locally in Libertyville, IL, my team has over 23 years of experience developing elastic designs that can be viewed on any device. We're also Google Partners and have received many accolades throughout the years. Our first client was a little startup company called "E-bay". We would be happy to jump on a call with you to review these problems and more to help your brand get the best online visibility possible.

What day this week works best for a call?

Regards,

Steve K.

图 5-13

5.3 小结

网络钓鱼、欺诈以及垃圾邮件被广泛用于从用户那里窃取数据和金钱。本章分析了攻击者所使用的技术以及他们如何从用户那里窃取金钱和数据。此外，我们重点分析了网络钓鱼和诈骗，因为这些攻击给全球经济造成了重大损失。本章梳理了网络钓鱼的演进过程，回顾了网络钓鱼发展过程中的起伏。引起用户、供应商、公司组织、律师事务所以及网络安全行业共同关注的最具威胁的网络钓鱼类型是商业电子邮件犯罪，本章深入研究了这种类型的网络钓鱼攻击，并且分析了几封发送给受害者的真实钓鱼邮件。本章还介绍了在窃取金钱和数据的过程中常用的两种恶意软件——Ardamax 和 LokiBot。Ardamax 是一款键盘记录软件，它可以伪装成各种文件格式并作为附件发送给受害者。LokiBot 则是一个狡猾多变的威胁，它既可以窃取数据，也可以把受害者设备上的数据进行加密以实施敲诈勒索。本章还介绍了鱼叉式网络钓鱼，这是一种高级形式的专门针对特定人群的网络钓鱼。我们展示并分析了几个真实的鱼叉式网络钓鱼的示例。我们从本章讨论的这些网络钓鱼电子邮件里，识别出了大多数网络钓鱼攻击都存在的共同模式。

最后，本章还介绍了垃圾邮件。尽管大多数垃圾邮件只是令人讨厌，并没有什么危险，但在某些情况下，垃圾邮件也会让收件人暴露于各种网络安全威胁之中。垃圾邮件不仅限于广告，某些垃圾邮件中还可能含有恶意软件。因此，在本章中，你了解了各种类型的网络钓鱼攻击、与网络钓鱼有关的骗局，例如鱼叉式网络钓鱼和商业电子邮件犯罪，以及识别它们的方法。本章还讨论了识别此类攻击时所遇到的挑战；并且介绍了垃圾邮件所造成的危害及其工作原理，以及攻击者如何利用垃圾邮件获利。

在第 6 章中，我们将详细介绍各种恶意软件，以便建立自己的防御策略。

06

第 6 章

恶意软件

　　攻击者使用恶意软件在主机系统上执行恶意活动，包括破坏公司网络、盗用身份和泄露数据。随着互联网的发展，如果离开计算机，企业就无法正常运营，这一现状增加了利用恶意软件开展网络攻击的攻击者数量。恶意软件可以以脚本或可执行代码的形式出现，它们的类别有很多种，但最广为人知的是计算机病毒和计算机木马。如今，攻击者已不再需要自己研究漏洞或开发恶意软件，他们可以通过暗网来采购。当前，对有幕后资助的攻击者和有组织犯罪集团使用的复杂恶意软件的需求在不断地增加，如图 6-1 所示。

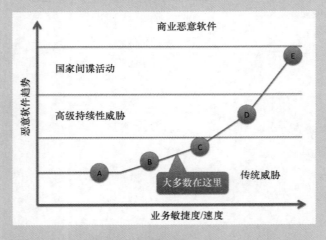

图 6-1

随着恶意软件开发技术的进步，出现了多态恶意软件并产生了新的风险。多态恶意软件是一种运行一次之后就再也不会运行的恶意软件，这使杀毒软件提供商很难阻止这类恶意活动。在早期，攻击者发现了利用恶意软件攻击金融服务行业机构的优势———一旦恶意软件到达了目标计算机，攻击者就可以从受害者账户非法转移资金到由攻击者控制的账户。除此之外，由于 ATM 与公司内网相连，攻击者可以将重点放在利用恶意软件攻击 ATM 上。通过本章的学习，你将了解恶意软件的类别，并深入了解一些最常用的恶意软件家族，它们常被用作金融服务行业网络攻击的一部分。

6.1 恶意软件的类别

了解攻击者在网络攻击中利用的不同恶意软件类别是极其重要的。例如，只有了解计算机病毒和计算机木马之间的差异，才能构建相对应的防护功能。终端用户通常认为恶意软件仅适用于计算机，但事实是恶意软件还会影响任何联网的设备，这包括智能手机和工业设备。图 6-2 所示为恶意软件的类别。

根据目标的不同，攻击者可能会使用特定的恶意软件家族或恶意软件的组合，因此建议安全团队根据网络攻击链构建**入侵指标（Indicators of Compromise，IOC）**。攻击链描述了攻击者利用恶意软件进行网络攻击的过程。图 6-3 所示为攻击链的一个例子。

图 6-2

图 6-3

6.1.1 计算机病毒

计算机病毒是最常见的恶意软件类别之一。从本质上讲，计算机病毒与生物病毒非常相似，两者的特性如下所示。

- **生物病毒**。
  - 由被蛋白质外壳包围的 DNA 组成，并与宿主细胞结合。
  - 通过宿主的新陈代谢机制复制自身，尽可能多地复制并感染细胞。
  - 不能在宿主细胞外存活。

计算机病毒的原理是将自身插入计算机上的文件和进程中，以执行恶意操作。计算机病毒可以通过修改其他计算机程序来复制自己。

- **计算机病毒**。
  - 由存储在操作系统或应用程序中的一组指令组成。
  - 在宿主程序执行时复制自身。
  - 只有在宿主程序执行时才能感染其他程序。

计算机病毒可以感染可执行文件、脚本、文档，甚至引导区。当计算机病毒能够感染多种类别的目标文件（如可执行文件和文档）时，这种类型的病毒通常被称为多部分病毒（Multipartite Viruses）。

6.1.2 计算机蠕虫

计算机蠕虫是一种可以自我复制的计算机程序，能够在网络中迅速传播。计算机蠕虫和计算机病毒在目的上是相似的，其最大的区别是计算机蠕虫在网络传播过程中不需要使用者介入。攻击者有可能将计算机蠕虫的特征与计算机病毒结合起来。最突出的例子是 1999 年的梅丽莎病毒（Melissa）。梅丽莎病毒通过电子邮件传播，邮件中包含了一个隐藏着宏病毒的 Word 文档。当用户启用宏时，病毒将被注入文档，同时，蠕虫将被执行，然后在网络上传播，如图 6-4 所示。

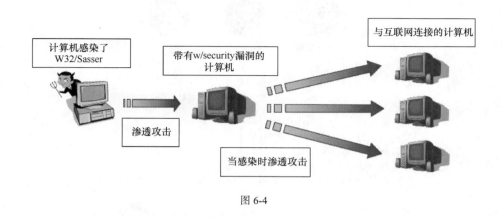

图 6-4

6.1.2.1 SQL Slammer

2013 年，美国银行受到一种以 Web 服务器为目标的蠕虫的攻击，并导致了部分 ATM 的瘫痪，该蠕虫后来被称为 SQL Slammer。SQL Slammer 利用了 SQL Server 和桌面引擎数据库中的缓冲区溢出漏洞。当服务器被感染时，蠕虫会生成一个随机的 IP 地址，它将使用这个地址将自己分发到使用了未打补丁的 SQL Server 版本的其他计算机上。

6.1.2.2 加密蠕虫

加密蠕虫是计算机蠕虫的变种，攻击者利用它来进行勒索软件攻击。通常，加密蠕虫以未打补丁或配置错误的计算机为目标，对其数据进行加密，然后索要赎金来换取解密。

WannaCry

2017 年 5 月，勒索软件 WannaCry 在全球范围内爆发，影响了大量企业。WannaCry 是由威胁行动者团体利用加密蠕虫进行的一种勒索软件攻击，以未打补丁的 Windows 计算机为目标，利用 SMBv1 漏洞对其进行攻击。WannaCry 还利用了"永恒之蓝"漏洞（EternalBlue）进行传播，如图 6-5 所示。然而，WannaCry 的攻击很快就被中断了，这是因为安全研究员马库斯·哈钦斯（Marcus Hutchins）注册了一个在源代码中找到的域名，而该域名正是 WannaCry 的终止开关。

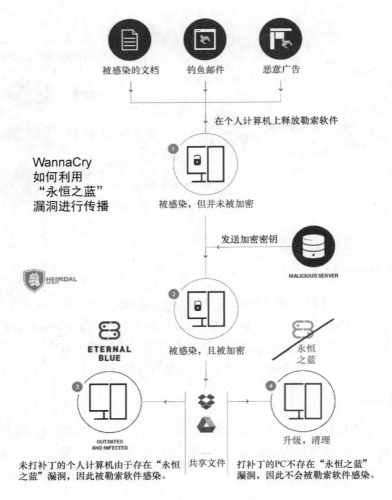

图 6-5

6.1.3 特洛伊木马

特洛伊木马是一种恶意软件，它通过欺骗目标来达到其真实目的。"特洛伊"一词起源于古希腊，古希腊人制作了一匹巨大的木马，木马里暗藏着士兵，当木马一进入特洛伊城，士兵们就发起了进攻。特洛伊木马最常见的传递机制是利用社会工程学技术，如欺骗、网络钓鱼或鱼叉式网络钓鱼。与计算机病毒或计算机蠕虫不同，木马通常不会注入文件或可执行文件中，也不会像计算机蠕虫一样复制自己。木马也被用于拒绝服务攻击。木马可能会执行以下操作：

* 窃取个人信息；

- 窃取凭据（用户名/密码）；

- 复制机密情报或敏感数据；

- 执行有害操作。

在许多情况下，木马会试图打开计算机上的端口，为攻击者建立**命令和控制（Command and Control，C2C）通信**，然后执行非法操作，如图 6-6 所示。

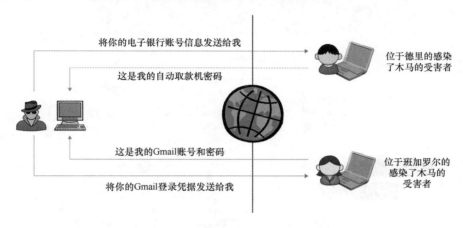

将你的电子银行账号信息发送给我

这是我的自动取款机密码

这是我的Gmail账号和密码

将你的Gmail登录凭据发送给我

位于德里的感染了木马的受害者

位于班加罗尔的感染了木马的受害者

图 6-6

6.1.3.1 Bebloh

Bebloh 是一种网银木马，攻击者利用它来窃取受害者的登录凭据，拦截受害者的在线网银交易。Bebloh 在网银木马中非常流行，它能够在受害者登录到在线银行门户时更改目标计算机上显示的余额。为了实现这一点，Bebloh 利用了**浏览器中间人攻击（The Man-in-the-Browser Attack，MitBA）**技术。Bebloh 通常隐藏在垃圾邮件中的恶意 PDF 文件中，利用了 Adobe Reader 9.3 中的一个漏洞，该漏洞导致 Adobe Reader 在执行过程中崩溃并将恶意代码注入系统。Bebloh 最早于 2009 年被发现，许多德国银行受到了影响。图 6-7 展示了 Bebloh 的攻击链。

6.1.3.2 Zeus

与 Bebloh 类似，该木马程序的目的也是拦截电子银行交易，窃取网上银行凭据。Zeus 的感染力非常强，到目前为止，它是最流行的银行恶意软件。Zeus 采用模块化方法开发，易于隐藏和执行，便于攻击者将其整合到网络攻击中。Zeus 主要以垃圾邮件、网络钓鱼或鱼叉式网络钓鱼的形式发送给目标。Zeus 利用浏览器中的漏洞执行浏览器中间人攻击，修改受害者在网上银行的交易内容。Zeus 甚至可以绕过多因素身份认证。美国联邦调查局称，到目前为止，Zeus 已经给金融服务业造成了超过 1 亿美元的损失。图 6-8 所示是 Zeus 的攻击链。

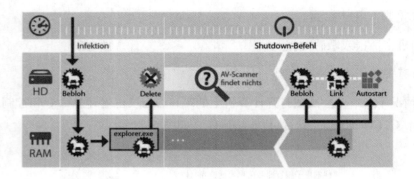

图 6-7

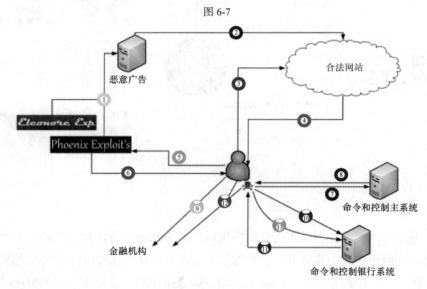

① 将恶意广告上传到合法的欺诈广告服务器
② 在合法网站上发布恶意广告
③ 用户访问受感染的网站
④ 网站内容包含到恶意漏洞利用工具包的重定向
⑤ 用户被重定向到恶意漏洞利用工具包
⑥ 用户的PC被攻击，载荷被成功下载
⑦ 木马向C&C报告新的机器人
⑧ C&C向木马发送指令
⑨ 用户访问金融机构系统
⑩ 木马报告用户的活动
⑪ C&C通过向木马发送命令来操纵用户的银行交易
⑫ 木马操纵用户的银行交易
⑬ 木马向C&C报告成功/失败的交易

图 6-8

6.1.4 Rootkit

Rootkit 是一种恶意软件,其他恶意程序可以利用它获得计算机的系统权限。攻击者可以利用系统越权漏洞,或者在获得系统权限后安装 Rootkit。一旦安装了 Rootkit,攻击者就可以远程访问计算机的底层系统。攻击者还可以借助 Rootkit 使用后门工具来修改操作系统和固件,以隐藏攻击踪迹。这些后门工具可以在用户模式或内核模式下运行。

Torpig

2005 年首次出现的 Torpig 结合了银行木马、僵尸网络和 Rootkit。Torpig 通过僵尸网络传播了银行木马 Mebroot,该木马负责窃取银行网站的登录凭据。Torpig 利用 Rootkit 来确保它不会被杀毒软件检测到。

6.1.5 间谍软件

攻击者在不了解攻击目标时,可以使用间谍软件从目标计算机上收集信息。间谍软件在计算机的后台运行,其传播机制和病毒、蠕虫、木马相同。间谍软件通常会包含木马程序,例如跟踪受害者所有键盘输入的键盘记录程序、收集网上银行凭据的银行木马程序或执行登录凭据收集任务的密码窃取程序。图 6-9 所示为间谍软件的攻击过程。

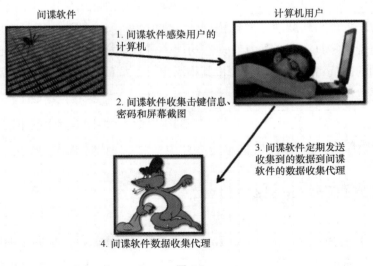

图 6-9

6.1.6 广告软件

广告软件是一种在目标用户界面上显示广告的恶意软件，通常被用来收集目标的信息，尤其是有关其互联网行为的信息。

6.2 恶意软件的趋势

攻击者变得越来越老练，企业越来越难以防御，终端用户也越来越难以识别。尽管恶意软件及其家族并不新鲜，但也不乏新的攻击和利用技术。在暗网上，有无数的商业恶意软件提供商提供各种各样的恶意软件服务，如下所示。

- **勒索软件**：平均费用在 250 ~ 300 美元。
- **间谍软件**：一个简单的数据窃取软件大约需要 10 美元。
- **远程访问木马**：价格在 500 ~ 1000 美元。
- **ATM 恶意软件**：由于一台 ATM 可以存储大约 15 万美元，因此 ATM 恶意软件的价格也很高，一般是 1500 ~ 3000 美元。

除了定制的恶意软件，ATM 恶意软件是暗网中最昂贵的恶意软件。

全球性爆发的恶意软件（例如 WannaCry 或 NotPetya）已经对全球经济造成了严重的影响，而且它们仅仅只是针对未打补丁的计算机的众多普通恶意软件中的一小部分。现代的恶意软件已经成为一种严重的威胁，而依赖特征识别的传统安全解决方案却难以应对。现代的恶意软件不仅利用了零日漏洞，还具有多态功能。多态恶意软件能够改变自己的特征，使得仅依赖特征识别的防病毒解决方案无法将其检测出来。据微软统计，96%的恶意软件只运行一次，以后就再也不会运行了。

除了多态恶意软件外，挖矿恶意软件也在不断增加。尽管加密货币的市值有所下降，但这一类恶意软件仍然存在。这是因为攻击者可以利用数字货币接收赎金，同时隐藏自己的踪迹。

6.3 恶意软件感染向量

在 2017 年的数据泄露报告中，Verizon 分享了关于恶意软件感染向量的有趣观点：81%的恶意软件感染是通过网络攻击远程安装或注入的。图 6-10 展示了 Verizon 的研究数据。

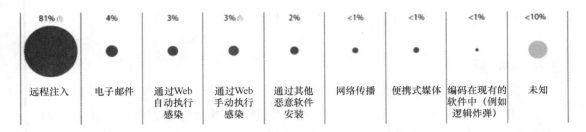

图 6-10

6.3.1　远程注入

攻击者利用可以远程执行命令的漏洞来注入恶意软件。

6.3.2　电子邮件

网络钓鱼和鱼叉式网络钓鱼技术是基于计算机的社会工程学的传统形式。本质上，攻击者需要做的就是准备一封看似可信的电子邮件，诱导受害者打开附件中的恶意文档，或点击超链接重定向到恶意网站。

6.3.3　通过 Web 自动执行感染

攻击者利用网站的漏洞植入恶意软件。对受害者来说，只是浏览了一个看似合法的网站，并没有意识到这一切的发生。

6.3.4　通过 Web 手动执行感染

不同于通过 Web 自动执行感染，在这种方式下，攻击者隐藏了他们的恶意软件，并且试图欺骗受害者在网站上执行操作，例如下载特定的文件。

6.3.5　通过其他恶意软件安装

命令和控制通信是攻击链的一部分，在这种情况下，攻击者可以直接与受感染的计算机通信，也可以在受害者计算机上安装其他的恶意软件。

6.3.6 网络传播

攻击者会定期扫描企业面向互联网开放的 IP 地址，以检测可通过网络访问的计算机。一旦识别到目标，攻击者便会使用不同的技术开展下一步的攻击，如暴力破解或漏洞扫描。

6.3.7 便携式媒体

好奇是人类的天性，而专门从事社会工程的攻击者尤其意识到了这一点。设置诱饵是最古老的社会工程学技术之一。这种方式使用恶意的便携式媒体来破坏计算机，"震网行动"（Operation Stuxnet）正是利用了这一技术。在这种情况下，攻击者通常会故意将恶意的便携式媒体放在目标可以发现的地方，期望目标会由于好奇而将便携式媒体插入计算机。

6.3.8 编码在现有的软件中

供应链攻击已经成为一种严重的威胁。为了对最终目标发起成功的攻击，攻击者开始关注和了解目标的供应商，然后针对其发起攻击。尽管许多财富 100 强的公司都有巨额的安全预算，但与这些公司有业务往来的小公司却没有。即使是为财富 100 强公司工作的最小的公司，最终也需要通过财富 100 强公司的系统上传发票。攻击者还可以针对独立软件开发商发起攻击，最终目标可能会使用独立软件开发商开发的简单工具。攻击者常常试图攻击他们的更新引擎以达到目的。

6.4 小结

恶意软件种类多样，攻击和防护的方式各不相同。本章介绍了不同的恶意软件种类及其传播方式，这将有助于更好地制定防护策略。

第 7 章将介绍漏洞和漏洞利用程序，这是黑客用来破坏系统和执行恶意活动的强大武器。

07

第 7 章
漏洞和漏洞利用程序

在几乎所有的工程领域，分析过去的失败可以帮助我们积累经验，并对当前的情况进行改进。美国国土安全部称，90%的安全事件都是软件缺陷导致的。因此，许多开发人员在发布软件前都要在本地或者云上进行测试。但是，测试过程中通常更关注用户体验、性能以及一些通用的安全性测试，开发人员往往意识不到软件中存在安全漏洞。目前并没有强制企业必须实施软件安全开发生命周期和负责任的漏洞披露流程，因此，个人和安全社区负有更大的责任，这其中包括构建安全的软件以及向**独立软件供应商**（Independent Software Vendors，ISVs）告知潜在漏洞的责任。实际上，很多的漏洞在软件中存在了很长的时间，而独立软件供应商却根本没有意识到。

本章将涉及以下主题：

- 漏洞检测；

- 漏洞利用技术；

- 漏洞利用机制。

7.1　漏洞检测

2014 年，微软的**可信赖计算**（Trustworthy Computing，TwC）部门启动了**安全开发生命周期**（Secure Development Lifecyle，SDL）计划。为此，微软引入了一种软件开发流程，并使用该流程来降低开发成本，构建更安全的软件。图 7-1 说明了此过程。

图 7-1

科技公司和政府开始合作，为负责任的漏洞披露流程提供平台。此外，许多科技公司启动了奖励计划，为发现新漏洞的人员提供资金奖励。例如，谷歌启动了谷歌**漏洞奖励计划**（**Vulnerability Reward Program，VRP**），对发现符合条件的漏洞的人员给予 100～31337 美元的奖励。

已经有许多标准化漏洞管理的尝试，例如社区开发的**通用缺陷列表**（**Common Weakness Enumeration，CWE**）。通用缺陷列表对软件缺陷进行了枚举和分类，这些软件缺陷可能会导致软件漏洞的发生。通用缺陷列表对软件缺陷进行了统一的、可度量的分类，不过许多开发人员担心将安全漏洞记录下来会导致攻击者利用这些漏洞来发起攻击，因此通用缺陷列表中很少有完整的漏洞信息。软件漏洞不同于软件故障，漏洞使外部人员可以出于不同目的恶意使用软件。当新的软件漏洞被发现时，需要描述清楚一系列问题，例如漏洞是如何发生的、什么时候发生的，以及应该向谁去报告这些问题。如果这些信息被不负责任地披露，攻击者可能会以有害的方式利用漏洞。

图 7-2 所示是对该过程的说明。

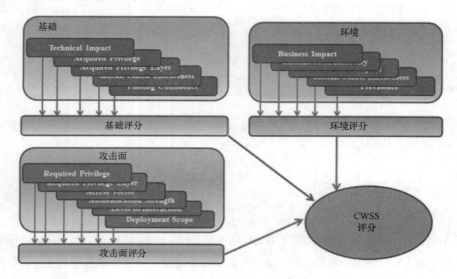

图 7-2

　　软件漏洞在暗网上被交易，这是一个不断增长的市场，尤其是在零日漏洞刚被发现时。零日漏洞是未被官方修补的漏洞，通常是未被官方发现的严重漏洞，这些漏洞的交易价格最高可达 30 万美元。虽然软件漏洞的主要受益者是攻击者，他们利用这些漏洞入侵系统以执行非法操作，攻击者识别出软件漏洞，然后将这些信息出售给独立软件商。图 7-3 所示是一家出售漏洞利用程序的暗网拍卖行。

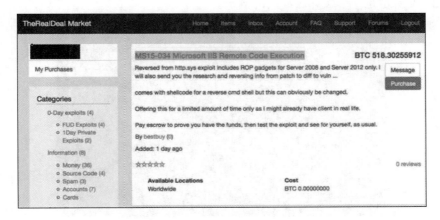

图 7-3

7.2　漏洞利用技术

　　软件的构建和维护非常复杂，即使通过了大量的测试，也无法确保软件没有任何漏洞。有两种公司，一种是知道自己已经被攻破的公司，另一种是不知道自己已经被攻破的公司。没有漏洞的、完美的软件是不存在的，在源代码的深处总会存在一些会导致漏洞发生的错误。本章接下来将介绍几种漏洞利用技术，理解它们之间的差异是很重要的，因为不同的情况下防御措施是不一样的。图 7-4 所示是本章将会介绍的几种常见的漏洞利用技术。

图 7-4

7.2.1 缓冲区溢出

当软件试图在缓存中存储超过其容量的数据时，就会发生缓冲区溢出。攻击者可以利用该技术修改目标进程的地址空间。缓冲区溢出在某些编程语言中很常见，因为这些编程语言暴露了数据类型的底层信息。这些编程语言并不总是进行边界检查，而且可以覆盖已分配的缓冲区。图 7-5 所示是一个缓冲区溢出的例子。

图 7-5

7.2.2 整数溢出

当用户试图将一个超出当前整数数据类型大小的整数放入内存空间时，就会发生整数溢出，如图 7-6 所示。

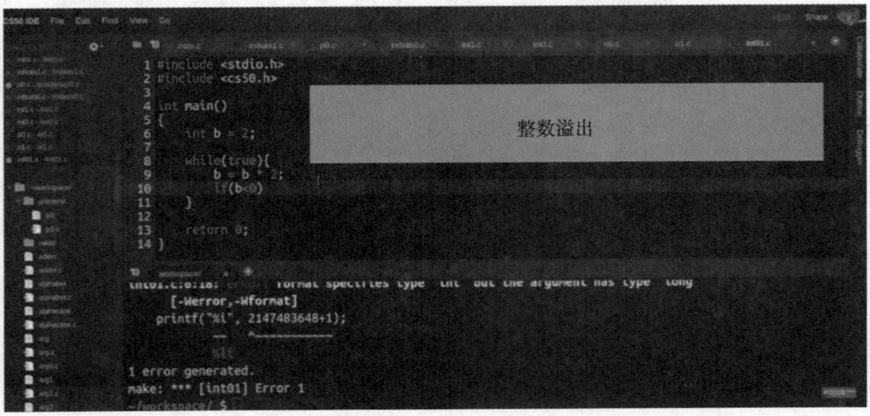

图 7-6

7.2.3 内存破坏

内存破坏是最常见的编程错误，由于内存空间被破坏，这一错误往往难以分析。

7.2.4 格式化字符串攻击

当攻击者提交的数据被软件当作命令执行时，就会发生格式化字符串攻击。攻击者可以利用这种方式执行恶意代码、读取内存空间，从而导致软件崩溃，如图 7-7 所示。

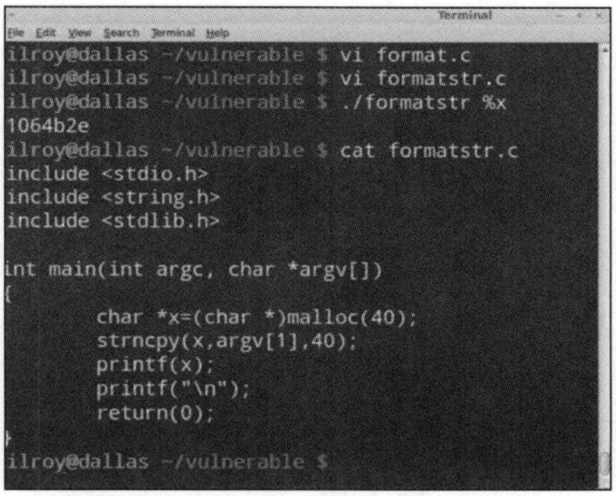

图 7-7

7.2.5 竞态条件

竞态条件是指软件的输出取决于不可控事件的执行时间或顺序的行为。竞态条件可能会导致软件错误和设备崩溃。

7.2.6 跨站脚本攻击

跨站脚本攻击是一种针对 Web 应用程序的攻击技术。攻击者可以利用跨站脚本攻击在 Web 应用程序中注入恶意的客户端脚本，当用户浏览页面时，恶意脚本就会被执行。图 7-8 说明了这一过程。

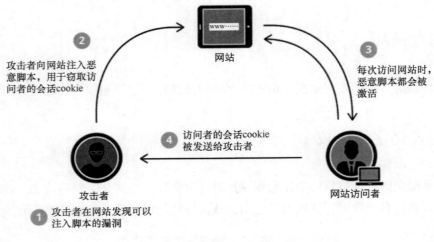

图 7-8

7.2.7　跨站请求伪造

跨站请求伪造也被称为 One-click attacks。在跨站请求伪造攻击中，未经授权的命令从可信任的源传递到 Web 应用。图 7-9 展示了跨站请求伪造攻击的过程。

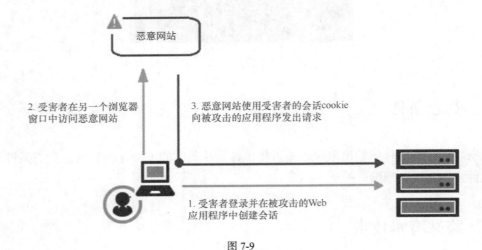

图 7-9

7.2.8　SQL 注入攻击

SQL 注入攻击是最常用的攻击技术之一，攻击者利用这种技术注入恶意代码，攻击数据驱动的应用程序，破坏数据库。图 7-10 所示是对 SQL 注入攻击的说明。

SQL查询是应用程序与数据库通信的一种方式。

当应用程序未能对数据库查询中的不可信数据（如Web表单字段中的数据）进行过滤时，就会发生SQL注入。

攻击者可以使用特别编写的SQL命令欺骗应用程序，让数据库执行非法命令。

图 7-10

7.3 漏洞利用机制

攻击可能会通过两种不同的机制达到目的，其一是通过内部或外部网络进行传递，这被归类为远程利用；其二是通过内部人员在本地传递，这被称为本地攻击。由于数字化转型和移动化的不断发展，难以想象出哪个企业没有连接互联网，因此，正是由于可以更好地隐藏攻击者的踪迹，远程利用成为攻击者首选的利用机制。

7.4 小结

本章介绍了漏洞和漏洞利用程序的核心概念，深入研究了不同的漏洞利用技术，如缓冲区溢出、竞态条件和内存破坏，以及威胁行动者如何进行利用。

第 8 章将深入探讨网络经济和相关的安全系统。

08

第 8 章
攻击网上
银行系统

人们每天都在使用互联网进行网上银行交易、购买礼物以及交换个人和企业信息。2018 年，仅在美国，就有 70.4% 的成年互联网用户使用数字银行业务，如图 8-1 所示。

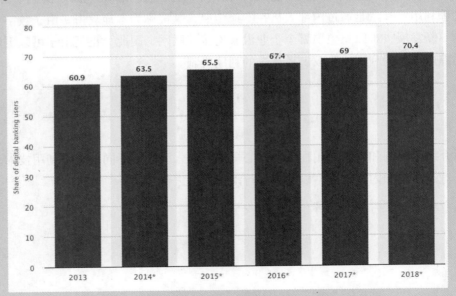

图 8-1

金融服务业中的银行、电子商务网站、保险公司、会计公司以及股票经纪人都意识到互联网的重要性，因此纷纷改变其商业模式，确保其消费者通过互联网能够与他们取得联系。如今，几乎无法想象这样的场景，那就是你拥有一家银行的账户，但他们不提供便于你进行快捷交易的网上银行服务，或者不提供便于你检查账户余额的移动应用。金融服务行业的公司正在努力让顾客可以通过互联网访问他们的数据，而在过去，顾客只能到线下柜台去办理业务，因此这些数据从物理上都是安全的。但是，随着数字化转型、全球化以及互联网的发展，这种情况已经发生改变，所有这些个人信息和机密数据都可以通过互联网让顾客能够更加方便地访问。

虽然这可以帮助最终用户通过网络执行大多数常规操作，但同时也给企业带来了新的安全挑战和风险。这不再像以往那样，在门口安装监控摄像头以及生物指纹扫描器以确保物理安全就足够了。现在，企业还需要关心如何识别和防止网络犯罪。网上银行就是一个很好的例子。如今，网上银行在许多国家和地区都是不可或缺的存在，并且这一趋势仍在全球迅速增长。银行在提供网上银行业务时面临着多重安全挑战。网银服务的构建必须考虑数据隐私和纵深防御。网上银行需要确保它具有防止欺诈以及保护最终用户的能力。下面这些是常见的网上银行需要解决的问题：如何确保在最终用户计算机被入侵后，网络犯罪分子依然无法进行在线交易？或者，如何检测当前通过智能手机应用程序登录的最终用户实际上是银行账户的合法拥有者，而不是网络犯罪分子？

网络罪犯同样也意识到了金融服务行业的数字化转型，因此，针对这个行业的公司而发动的攻击数量激增。尽管网络安全以及确保企业能够防御、检测和响应网络攻击对任何行业的任何公司都非常重要，但实际上，这对金融服务行业而言更为重要，因为大规模网络攻击可能对社会造成极大的伤害。因此，金融服务提供商必须遵守许多法律法规，并且迫切需要先进的预防技术、事件调查技术以及相关流程。本章将重点介绍针对网上银行的攻击。

8.1 网上银行为金融服务带来收益

需要注意的是，为客户提供网上银行业务不只是意味着让顾客能够更容易地使用这些服务，它还为金融机构提供了许多其他好处。了解这一点非常重要，因为这样你就可以看出来为什么企业不遗余力地推动该领域的现代化。银行通过提供网上银行服务可以降低成本，因为许多交易都可以在线进行，用户不必再去银行柜台。在大多数情况下，这正是许多银行推出网上银行业务的主要动机。此外，通过产品展示位置可以让银行获得更多的交叉销售机会。例如，典型的网上银行应用程序不会只为最终用户提供资金交易的服务，而是在此基础上还提供个人贷款或者申请信用卡的服务。考虑到这些，你便能发现金融机构在持续增强用户的黏性。

8.2　网上银行的业务流程

不管业务是通过计算机还是智能手机完成的，网上银行都遵循相同的流程。了解此流程很重要，因为这样你就可以知道那些针对网上银行进行的攻击是如何开展的。抽象来看，最终用户通过 Web 浏览器、桌面应用程序或智能手机应用程序登录网上银行，然后用户便可以执行某些操作。在这种情况下，基于用户名和密码的身份认证只能提供最低限度的安全保护，在当今时代这么做早已不够安全。

以下步骤说明了网上银行的业务流程：

- 用户使用计算机或智能手机访问网上银行网站；

- 用户提供其用户名和密码以访问其银行账户；

- 数据通过安全传输层（Transport Layer Security，TLS）加密传递到银行服务器；

- 银行解密信息并验证用户身份；

- 银行向用户授予访问权限，用户则可以访问其银行账户。

8.3　攻击技术

金融服务行业中的企业迫切需要先进的安全防御技术，以确保这些技术能够应对出现在数字领域里的新型威胁。在全球范围内，银行现有的许多安全防御技术已经过时，仅在抵御传统威胁的时候有些作用。由于在线交易数量不断增加，因此重新评估安全防御技术并使之现代化至关重要。为了做到这一点，并且不受许多安全厂商的恐吓性营销的影响，至关重要的是企业需要深入了解网络犯罪分子用来破坏业务的攻击技术和漏洞。大多数攻击都通过网络进行，例如最终用户被诱导下载了恶意软件或者直接从网上运行恶意软件。当在计算机上或者直接运行恶意软件的情况下，威胁行动者使用以下技术来窃取账号和个人身份标识符，并尝试执行欺诈交易，如图 8-2 所示。

- **浏览器中间人攻击**。木马感染 Web 浏览器并利用浏览器漏洞，而该漏洞使网络罪犯可以修改网页和交易内容以插入恶意代码。金融服务行业中的许多公司都将浏览器中间人攻击视为对其服务影响最大的威胁。

- **凭据窃取攻击**。网络犯罪分子通常使用网络钓鱼来骗取受害者的账号。通常，这是基于凭据的网络攻击的第一阶段。

- **信道破坏攻击**。这是一个过程，通过该过程攻击者可以拦截最终用户与银行之间本应该是安全的通信信道。

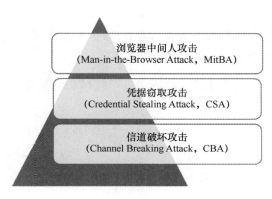

浏览器中间人攻击
(Man-in-the-Browser Attack，MitBA)

凭据窃取攻击
(Credential Stealing Attack，CSA)

信道破坏攻击
(Channel Breaking Attack，CBA)

图 8-2

当前，许多监管要求也在现代化改进中，并要求公司报告数据泄露事件。众所周知，在过去，金融服务领域的许多公司都会试图掩盖网络攻击和数据泄露事件，因为事件一旦公布，他们作为可信赖合作伙伴的形象和声誉就会受到威胁。对银行来说，这些监管要求已经成为一种不可或缺的存在，这可以确保银行能够真正验证最终用户的身份并执行安全控制，例如通过多因素认证以使身份认证尽可能难以被篡改。如今，大多数网上银行都使用具有单一故障点的旧模型，这主要是因为该解决方案依赖于一个最终用户与银行之间的共享密钥，以及一个只有该最终用户才拥有的元素。在这种情况下，共享密钥通常是纯文本密码，而只有最终用户才拥有的元素可以是存储在计算机或先前注册过的智能手机上的指纹。现如今我们知道，这么做已经不足以打击网络犯罪。网络犯罪分子所需要做的是在传输过程中拦截凭据，并入侵最终用户的智能手机。

考虑到以上这些要素，针对网上银行的攻击可能会发生在图 8-3 所示流程中的这 3 个地方：在客户端，无论其是个人计算机还是移动设备；在最终用户的设备和银行之间的网络层上；银行服务器端。

| 客户端 | 网络基础设施 | 服务器 |

图 8-3

攻击者在这 3 个地方持续观察，并选择最容易突破的地方发起攻击。在大多数情况下，突破点是客户端，并且很可能通过网络钓鱼活动发起。

8.4 小结

本章介绍了金融服务业为发展网上银行业务而推动 IT 和安全技术发展的关键原因，讲解了攻击者如何千方百计地想要突破安全控制措施。

第 9 章将介绍通信以及网络协议这些网络安全领域非常重要的方面。

09

第 9 章

脆弱的网络和
服务——入侵入口

通信和网络协议是网络攻击领域的重要组成部分。因此，许多威胁直接针对人员、系统和设备使用的网络或通信通道。网络罪犯会考虑通过网络和通信通道来进行攻击，因为现在有上百万个物联网设备，员工也在把自己的个人便携设备带到工作场所，云计算在普遍采用，许多企业都依赖基于 Web 的系统。有许多攻击技术和工具专门利用网络和通信通道中的常见漏洞。本章将研究以下主题。

- 脆弱的网络协议和网络入侵。

- 攻击 Web 服务器和基于 Web 的系统。

  ○ 在线登录和密码破解。

  ○ 绕过 Web 防护。

  ○ 绕过防火墙。

- 无线和蓝牙相关的黑客工具与技术。

- 易受攻击的网络设备。

9.1　脆弱的网络协议和网络入侵

在包括互联网在内的网络通信建立之初，几乎没有任何针对它们的网络安全威胁。因此，在这一时期，关注点更多地集中在性能和速度方面，而忽略了安全设计。

当网络安全威胁增加等变化来临时，才不得不被动地采取一些措施，攻与防演变成了一场追赶游戏。不幸的是，黑客正在变得越来越强大。黑客从网络协议中发现了很多安全漏洞，以下是一些越来越不安全的互联网协议。

9.1.1 简单邮件传输协议

简单邮件传输协议（Simple Mail Transfer Protocol，SMTP）被许多企业用于传输电子邮件，该协议出现以后，很快成为个人和企业发送与接收电子邮件最简单的方式之一。然而，针对 SMTP 的安全威胁也在不断激增。SMTP 的设计并没有考虑到这些安全问题的存在，这也成为网络管理员保护 SMTP 的负担。针对 SMTP 的攻击方式之一是账户枚举，通过这种方式获得大量邮件账户后，攻击者可以向其发送垃圾邮件或发起钓鱼攻击。账户枚举通过在 25 号端口上运行名为 VRFY 的 SMTP 命令来验证电子邮件账户是否已在特定的服务器上注册，响应结果会显示电子邮件账户是否有效。

9.1.2 安全套接层

安全套接层（Secure Sockets Layer，SSL）被认为是对安全性的最终检查手段，用户应该在向网站提交个人数据之前检查网站是否具有 SSL。SSL 的工作原理是对主机和服务器之间交换的数据进行加密，从而使黑客几乎无法拦截和读取流量中的内容。然而，这种将网络安全作为最终安全检查手段的方法面临着挑战。黑客技术越来越先进，而 SSL 自 1996 年以来却从未有过任何更新。有一些针对 SSL 安全性的攻击使 Chrome 和 Firefox 等浏览器想要废除 SSL。SSL 的继承者是**安全传输层（TLS）**，但它也并不是没有任何缺陷的。TLS 是在 1999 年作为 SSL 3.0 版的继承者出现的，但 SSL 在互联网上仍然更常用。

TLS 是一种用于互联网通信的加密协议，为客户端和服务器之间交换的所有数据提供端到端加密。它比 SSL 更安全，但仍面临着网络攻击的威胁。其中一种针对 TLS 的攻击被称为 BEAST，在 CVE 漏洞库中的编号是 CVE-2011-3389。在这种攻击中，攻击者将自己的数据包注入 SSL 通信流中，这使他们能够确定通信流是如何被解密的，从而解密流量。另一个针对 SSL 的攻击是 POODLE，它的 CVE 漏洞编号是 CVE-2014-3566。POODLE 是一种巧妙的中间人攻击方式。当客户端启动 SSL 握手时，攻击者截获通信流并伪装成服务器，然后请求客户端将其降级到 SSL 3.0。当攻击者替换包中的填充字节，然后将数据包转发到真实的服务器时，POODLE 攻击就发生了。服务器并不会检查填充中的值，它只关心明文的消息身份验证码和填充长度。攻击者作为中间人观察服务器的响应，以破解客户端发送的消息。

9.1.3　域名系统

域名系统（Domain Name System，DNS）是确保域名被转换成 IP 地址的协议。但是，该协议不仅古老，且存在安全缺陷，容易遭受攻击。一个黑客组织曾利用该协议将本意访问 twitter 网站的用户重定向到恶意网站。因此，大量的攻击者可以共同发起 DNS 攻击，将正确的网站 IP 地址替换为恶意 IP 地址，从而将特定网站的访问者重定向到恶意网站。虽然对此已经开发了一些修复程序，但是由于对性能有影响，因此并没有被采用，而更多的修复方案仍处于开发中。在互联网之外，还有其他针对企业网络的攻击方式。在这些攻击场景下，由于攻击者关注的范围更窄，从而更加容易成功。以下是其中的一些攻击方式。

9.1.3.1　包嗅探

攻击者通过这种方式获取网络中交换的所有数据，尤其是未加密的数据。令人惊讶的是，很多免费和开源的程序可以用来达到该目的，例如 Wireshark。黑客经常在公共网络环境下，例如咖啡馆 Wi-Fi，使用这些工具来记录、读取和分析网络流量。

9.1.3.2　分布式拒绝服务

分布式拒绝服务（DDoS）攻击越来越普遍，它可以被用来攻击大型目标。自从 2016 年最大的域名解析公司之一 Dyn 遭受到该攻击以来，黑客们陆续将这种攻击用于许多企业。在暗网上有现成的供应商，他们将僵尸网络出租用于 DDoS 攻击。最可怕的僵尸网络之一是 Mirai，它由许多物联网设备组成。DDoS 攻击将大量非法流量引导到网络上，当流量大小超出了服务器的处理能力时，服务器就会崩溃，并且无法处理合法请求。对那些通过网站提供产品或服务的企业来说，DDoS 攻击尤其令人担忧，因为这种攻击阻碍了业务流程的正常运行。

9.2　攻击 Web 服务器和基于 Web 的系统

Web 服务器和基于 Web 的系统由于其方便性而被企业和机构广泛采用。用户可以从这些系统访问各种功能，例如，用户可以通过网上银行进行转账，而不必自己去银行。一些企业还会借助基于 Web 的 ERP 系统。然而，这些系统通常暴露在互联网上，只要攻击者掌握了正确的工具或技术，就可以从任何地方发起攻击。以下是 Web 服务器和基于 Web 的系统面临的一些攻击。

9.2.1　SQL 注入

这是一种古老的攻击方式，但由于某些网站在设计和开发时并未
遵循最佳实践，因此这种攻击方式仍然有效。在 SQL 注入攻击中，攻
击者提交恶意的 SQL 语句，当网站在后台尝试对其进行处理时，恶意
语句就会被执行。攻击者可以利用这种方式编写 SQL 语句来删除数据
库、从数据库检索数据以及修改数据。这种攻击在网站没有对用户输
入进行验证时尤其有效。开发者只需要添加一些特殊的代码来防止可
执行命令直接传递到数据库，就可以保护网站免受这种攻击。图 9-1 所
示是 SQL 注入的一个例子。

图 9-1

9.2.2　缓冲区溢出

这种攻击使本来应该用于处理 Web 应用程序输入的缓冲区发生内存溢出。应用专门分配
了内存区域用于存放用户提供的输入，但是，攻击者可以构造数据填充此缓冲区，从而导致
其他用户无法成功地向应用提供输入。

9.2.3　谷歌高级搜索

谷歌会从整个互联网中爬取数据，这些被它收集的数据也会被攻击者利用。谷歌高级搜
索通常用于检索在网站页面显示中被隐藏的数据。由于一些 Web 服务器的管理失误，一些敏
感文件被误保存在公开的文件夹中，通过谷歌高级搜索可以查找到这些文件。谷歌高级搜索
还可以用来挖掘关于企业雇员的信息，以用于社会工程目的。

9.2.4　暴力破解

大多数企业的系统都具备身份认证过程，以使其员工或用户能够访问基于 Web 的系统。
身份认证使用的用户名往往比较简单，在某些企业中，用户名是企业的域名加上用户的名字
和姓氏的组合。与此同时，企业期望用户可以谨慎保管自己的密码，但是用户却难以做到。
用户往往难以做到在每个站点使用不同的密码、使用复杂的密码或者定期修改密码。暴力破
解攻击通过尝试所有可能的组合来破解用户名和密码的组合。当攻击者知道与用户有关的一

些详细信息，例如生日、真实姓名、宠物的名字以及用户密码中包含的其他数据时，暴力破解攻击会更加有效。

IBM 定义了以下常见的暴力破解攻击类型。

- **字典攻击**。这种攻击方式利用了字典文件中的不同用户名和密码的组合，在工具的辅助下不断尝试。字典文件中往往包含了常用的用户名密码组合以及从某个攻击目标收集来的数据。

- **穷举攻击**。这种攻击方式涵盖了密码长度中每个字符的所有组合，虽然耗时很长，但非常有效。

- **基于规则的穷举攻击**。这种攻击方式在穷举攻击的基础上进行，在穷举时根据用户名或预定义的单词来生成密码。例如，当要攻击用户名为 mike@***.com 的账户时，可以使用基于 "mike" 的单词生成密码变量。

接下来，我们介绍一些用于暴力破解的工具。

9.2.4.1 Medusa

Medusa 是针对 HTTP、IMPA、MySQL、MS SQL、POP3、SNMP、SSH 等协议的密码破解工具。该工具可以用于猜测用户名和密码字段，在 60 秒内可以尝试 2000 个密码，并且支持并行运行。因此，它可以用来破解网站后台或用户账号的密码。图 9-2 所示是 Medusa 的截图。

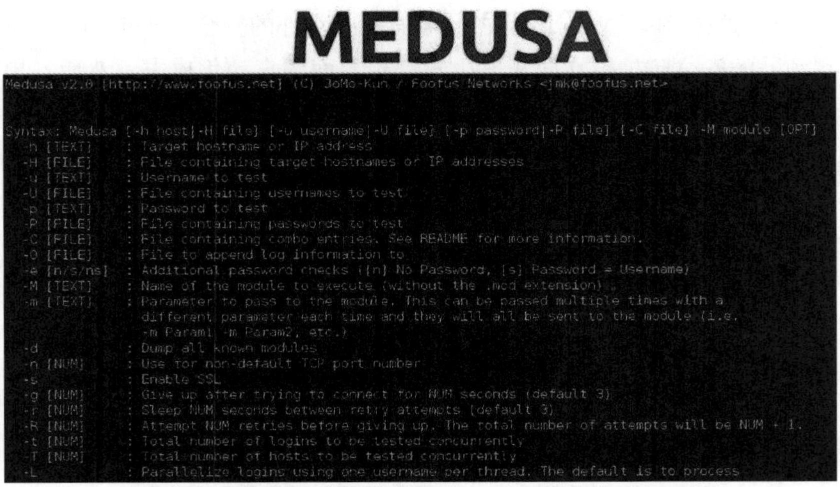

图 9-2

9.2.4.2　Brutus

Brutus 是一个针对在线系统的远程密码破解工具，该工具快速灵活，支持 HTTP、POP3、FTP 和 SMB 等协议。该工具可以用于多阶段身份认证系统，它会不断提供登录凭据，直到通过为止。它最多支持并行处理 60 个目标，还支持暂停与恢复攻击的功能。图 9-3 所示是 Brutus 的截图。

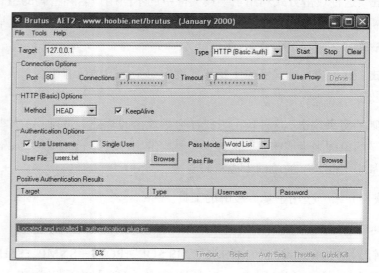

图 9-3

9.2.5　绕过 Web 防护

通常情况下，网站会在其 Web 应用之上增加一层额外的安全防护措施，以防止各种类型的攻击。这些额外的安全防护旨在防止发生于登录界面的自动化攻击。然而，黑客已经想出了办法来破解这些额外的安全防护。以下介绍一些绕过不同类型 Web 防护的方法。

9.2.5.1　绕过验证码

验证码通常被网站用于人机识别，图 9-4 所示是一个验证码的截图。

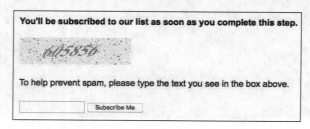

图 9-4

要想绕过验证码，需要知道它背后的实现过程。以下是用于生成上述验证码的代码。

```
<form action="/captcha/captchaCheck" method="post">
    <input name="hash" value="09573e52f752f3f5e6250b62aa34b8a8c08a4d22"
    type="hidden">
        <input name="emailAddress" value="test@email.***" type="hidden">
        <input name="name" value="" type="hidden">
        <input name="enteredValue" size="25" type="text">
        <input value="Subscribe" type="submit">
</form>
```

只有当用户的输入与期望值匹配时，才应该允许用户访问网站。通常，期望值被散列处理后，会随着对验证码界面请求的响应一起返回给用户。因此，要破解验证码，需要确保可以生成与散列匹配的值，黑客通常通过能够破解散列值的工具来达到该目的。可以通过一款叫作 dcipher 的工具达到这一目的，图 9-5 所示是该工具的输出截图。

图 9-5

从图 9-5 可以看到，解密后的值与 captcha 屏幕上的值是一致的。黑客只需要编写自动化的脚本检索散列值，然后使用破解散列值的工具对该值进行运算，最后通过 POST 请求将结果提供给网站，就可以绕过验证码防御。

9.2.5.2 绕过双因素身份认证

许多企业使用双因素身份认证来加强身份认证过程的安全性，从而确保访问者是合法的。这两种认证机制可以显著降低攻击者入侵成功的概率。即使攻击者破解了一个账户的密码，也可能会被第二个身份认证因素阻止。大多数情况下，第二个身份认证因素是发往用户手机或电子邮件的验证码。黑客通常有两种方法来绕过这一认证，第一种是社会工程，攻击者可以尝试从账户拥有者那里窃取验证码。例如，假如某用户的账户密码已被破解，在第二个身份认证阶段，验证码会被发送到用户的手机。这时黑客可以主动联系用户，告诉用户他们是该网站的工作人员，正在确认用户的详细信息，然后向用户索要验证码，诱导用户将验证码提供给他们。

绕过双因素身份认证的第二种方法是利用与之相关的技术。在某些情况下，账号重置功能没有启用双因素身份认证。因此，黑客只需要按照网站给出的步骤进行操作就能重置目标账号的密码。尽管下一次登录仍然可能需要双因素身份认证，但黑客可以通过账号重置功能再次取得账号的访问权限。

9.2.5.3 绕过防火墙

防火墙可以过滤恶意网络流量，防止恶意来源的或者不正常的流量进入网络。不过，黑客也可以通过一种称为 Hitkit rootkit 的恶意软件绕过防火墙的限制，该恶意软件会干扰硬件防火墙。黑客必须首先入侵防火墙并获得管理员权限，之后恶意软件将通过允许的端口传输黑客流量而不会触发防火墙的警报。

绕过防火墙的另一种方法是进行客户端攻击，如果客户端是在和一个防火墙无法识别的恶意网站建立连接，那么这个连接就不会触发警报。因此，如果客户端连接到一个利用浏览器漏洞来读取存储的密码或窃取 Cookie 的恶意网站，防火墙将无法进行任何干预。这也是企业警告他们的用户不要点击陌生人发来的电子邮件中的链接的原因。这些链接可能指向可以进行客户端攻击的并且防火墙无法识别的恶意网站。

通过对数据包分段也可以绕过防火墙。有一些工具可以使黑客了解保护企业的防火墙是如何配置的，他们可以根据这些信息来配置绕过规则的流量，通常的做法是对数据包进行分段。对数据包进行分段后，防火墙难以根据单个包中的数据来判定这是否构成威胁，因此不会触发警报。要想探测到这一类威胁，必须将防火墙配置为对分段数据包进行整合，然后再进行安全检查，但是大多数防火墙并没有此类配置。

9.3 无线和蓝牙相关的黑客工具与技术

当攻击者可以连接到无线网络时，无线网络就成为他们可以利用的攻击面。有两类无线网络漏洞易被利用，第一类是由于不安全的配置造成的，第二类是加密不足造成的。不安全的配置通常是由于网络管理员错误地配置网络引起的。加密不足往往是由于用于加密无线传输的密钥强度不够。

9.3.1 攻击无线网络

9.3.1.1 Aircrack-ng

这套工具被用于破解 802.11a/b/g 频段无线网络。Aircrack 可以通过捕获足够多的流经网络的数据包，利用算法来破解无线网络的密码。当攻击开始时，使用 Airmon-ng 将主机的无线网卡切换为混杂模式，然后开始接收所有数据包，而非只接收预定的数据包。在这之后，使用 Airdump-ng 捕获数据包，捕获的数据包将被用来破解密码。当捕获到足够的数据包时，可以使用 Aircrack-ng 破解无线网络的密码，它可以利用一些统计技术破解基于 WEP 保护的无线网络，以及对 WPA 和 WPA2 进行字典攻击。一旦无线网络的密码被破解，攻击者可以使用 Aircrack-ng 工具套件做更多的事情，例如，可以使用 Airdecap-ng 来解密所有通过网络的流量。套件中的 Airbase-ng 还可以用来将普通笔记本电脑的无线网卡变成一个恶意无线接入点，该接入点可以使用合法接入点的名称，所有连接到恶意接入点的设备都可能遭受到攻击。图 9-6 所示是一个破解无线网络密码的例子。

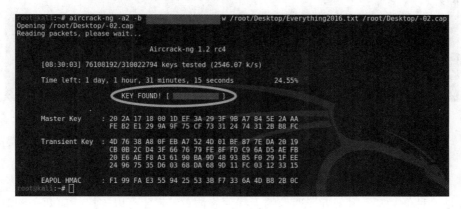

图 9-6

9.3.1.2　Kismet

Kismet 可以很好地隐藏攻击，因为它使用被动工作模式。该工具发送的数据包不会被日志记录，从而减少了被发现的可能性。该工具可以在无线网络上进行嗅探，发现隐藏的无线网络接入点，并且探测相应的客户端。它支持远程操作，可以捕获来自多个源的流量，并且提供 XML 格式的输出。由于 Kismet 可以扫描特定区域内所有可用的无线网络，因此可以用来监视用户，判断连接到无线网络的设备的活动情况。只要连接到可以分析的无线网络，它就可以知道受害者何时在播放视频，何时在玩游戏，以及可以发现受害者家中所有连接到该无线网络的电子设备，这些信息可能会被攻击者透露给小偷，尤其是在攻击者在受害者家中检测到昂贵的设备时。图 9-7 所示是 Kismet 的截图。

9.3.1.3　Wireshark

Wireshark 是一款协议分析器，由于它恰好具有网络管理功能，因此备受攻击者的青睐。Wireshark 可用于捕获网络中的数据包，一旦捕获了这些包，就可以对其进行仔细的分析，以便了解其来源、目的地和内容。使用该工具可以轻松窃取未加密发送的明文消息和凭据。使用 Wireshark 的最大优势在于，它可以长时间捕获数据包，从而为攻击者提供有关企业网络的丰富信息。

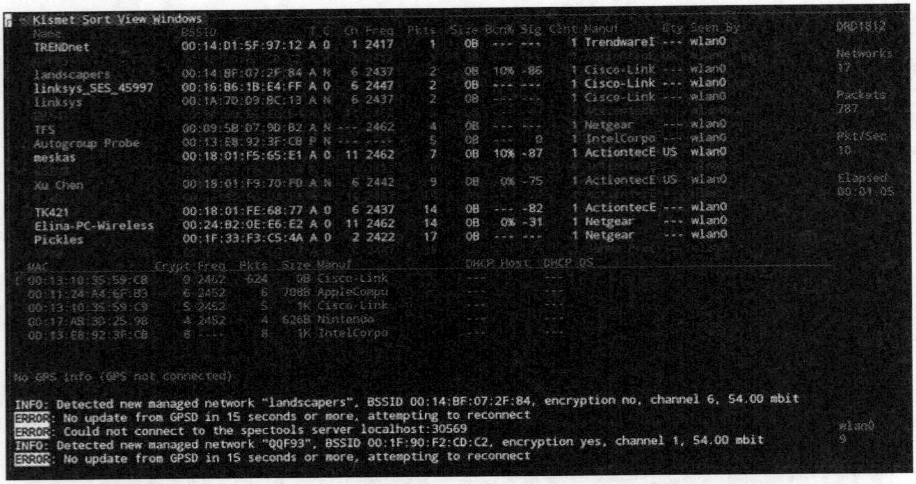

图 9-7

9.3.2　攻击蓝牙

蓝牙是一种低功耗、用于近场通信的无线网络协议。蓝牙可以连接任何两个配对的设备，为了让设备配对，它们必须交换一个预先共享的用于配对的密钥。除此之外，几乎没有其他任何形式的安全防护，这使它们容易受到广泛的攻击。以下是入侵蓝牙网络的几种方式。

- **Bluesnarfing**：这是一种从蓝牙设备上窃取数据的攻击，例如短信。

- **Bluebugging**：利用这种攻击，攻击者可以通过蓝牙连接达到控制目标设备的目的。

- **Bluesmack**：这是一种针对蓝牙设备的拒绝服务攻击。

为了执行这些攻击，需要使用一些特殊的工具。以下是一些特殊的工具。

- **Bluelog**：该工具可用于扫描和发现区域中的蓝牙设备，并进行记录。

- **Blueranger**：该工具通过估算蓝牙设备之间的距离来找到它们的具体位置。

- **Redfang**：该工具用于发现所有隐藏的蓝牙设备。

9.4　易受攻击的网络设备

有一些漏洞是由网络设备本身引起的，这些漏洞通常是制造商遗留的安全问题，而一旦被攻击者发现，他们便可以攻击使用了这些有问题的网络设备的企业。这些安全问题会一直暴露在攻击者面前，直到设备制造商对这些设备进行修补。在此之前，企业难以将这些设备关闭停用，尤其是在负担不起停机时间成本的大型企业中。因此，即使网络管理员知道漏洞的存在，这些脆弱的网络设备也仍然可能会处于使用中。据估计，73%的企业都在使用易受攻击的网络设备。

以下是来自一篇有关易受攻击的网络设备的文章片段。

"根据对北美 350 家企业超过 212000 台思科网络设备的调查，73%的企业正在使用易受攻击的、寿命终止的网络设备，这一比例高于去年的 60%。"

这表明，网络管理员不愿从网络中删除易受攻击的设备，大量企业因此而易遭受攻击。Linksys E1000 是一款具有已知安全漏洞的路由器，其中有一个漏洞允许攻击者在其中安装恶意软件，然后利用远程管理接口，攻击者能够以这种方式来获得网络的访问权限。华硕 RT 系列路由器也具有多个已知安全漏洞。这些漏洞可以被攻击者利用，从而实施各种不同的攻击，例如未经身份认证的网络访问、暴露用户名和密码、访问存储在插入路由器的可移动设备中的内容，以及重新配置路由器。网络设备中还有许多其他的漏洞，据估计，有 73%的设备是易受攻击的。

9.5 小结

本章将网络和通信协议视为入侵的入口，解释了为什么这两类攻击会在网络攻击领域占据如此重要的地位。本章介绍了几种已经不安全和易被攻击者利用的网络协议，例如 SMTP、SSL 和 DNS。本章讲述了针对这些协议的攻击方式和案例，还介绍了一些常见的网络攻击示例，如包嗅探和 DDoS。

然后，本章将重点转移到 Web 服务器和基于 Web 的系统，这是另一种黑客喜欢的攻击场景。本章讨论了一些用于破坏基于 Web 的系统的攻击技术，包括 SQL 注入、缓冲区溢出、谷歌高级搜索和暴力破解。本章仔细研究了旨在破解密码的暴力攻击，然后讨论了两种破解密码的特别有效的工具：Medusa 和 Brutus。企业已经通过在基于 Web 的系统中加入额外的安全层来适应各种威胁，最常见的保护形式是验证码、双因素身份认证和防火墙。本章研究了与此相关的问题，并讲述了如何绕过它们。

最后，本章研究了无线网络攻击，重点介绍了无线和蓝牙相关的内容。本章讨论了用于攻击无线网络的工具，例如 Aircrack-ng、Wireshark 和 Kismet。然后，本章研究了蓝牙并列出了其缺陷。本章介绍了用于攻击蓝牙的各种方法，以及相关的工具。

第 10 章将深入介绍什么是网络安全事件以及如何建立事件响应计划。

10

第 10 章
应对服务中断

没有任何企业可以幸免于网络攻击，企业需要假定它们已经或将会受到攻击。企业平均需要 180 天的时间才能发现自己被入侵了，这意味着，在 180 天内，系统的安全性处于未知状态。许多企业热衷于购买最新技术，当发生网络攻击并且造成服务中断时，却又疑惑为什么这些新技术没能帮助防范、检测或响应网络攻击。这些企业忘记了网络安全是基于技术、人员和流程这 3 个要素的，如图 10-1 所示。

技术的好坏取决于对它负责的人员，只有经受过专业训练的人员才可以将技术运用熟练，同时，流程也需要经过测试和优化。企业可以拥有最好的技术，但是如果员工没接受过技术培训，或者企业没有恰当地使用流程，那么这只会浪费预算。本章将深入介绍什么是网络安全事件以及如何建立事件响应计划。

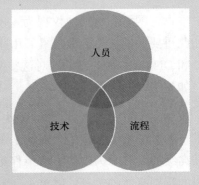

图 10-1

10.1　网络安全事件

根据 ISO/IEC TR 18044:2004，网络安全事件被定义为"单个或一系列不希望发生的或意料之外的信息安全事件，这些事件可能会对企业运营和信息安全构成重大威胁"。发生网络安全事件时，由于单个或多个 IT 服务可能会受到影响，这往往会导致服务中断。这些 IT 服务可能已被破坏，无法恢复或者被迫宕机，或者正在被攻击者监视，并且阻止员工正常工作。在大多数情况下，攻击者会根据网络攻击链，将恶意软件注入网络中。按照定义，网络安全事件要么是过去发生的，要么是正在发生的。威胁形势在不断演变，这对于网络安全是一个挑战，但与此同时，也是所有企业的机会，无论其所属什么行业、地理位置、规模。

10.2 基础

在制订事件响应计划之前，有必要了解一些基础知识，以确保企业顺利处理网络安全事件。在建立事件响应计划之前，要做好几个关键方面的准备。

10.2.1 数据

网络安全专家常会谈论如何保护公司的核心资产，例如客户数据、研究论文或者财务记录。即使在服务中断或最严重的网络攻击期间，企业也要确保这些数据得到了足够的保护。为了实现这一目标，企业首先需要了解存在哪些数据、数据存储的位置以及这些数据在哪些情况下被谁访问。攻击者的首要动机之一是造成数据泄露，因此，对企业而言，了解这些数据以及知道如何保护它们是至关重要的。企业需要确保拥有必要的冗余，以及能够在需要时进行灾难恢复。图 10-2 所示为保护数据的方式。

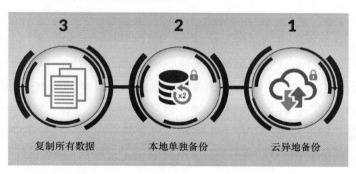

图 10-2

10.2.2 监测

企业的物理安全团队会通过闭路电视监测潜在的物理安全事件。在 IT 领域也是如此，企业需要能够尽快发现网络安全事件。为了做到这一点，企业需要部署相应计划和进行适当的监测。

10.2.3 攻击面分析

攻击面分析考虑了攻击者可能会如何破坏系统并导致服务中断的所有方面，它可以帮助企业更好地了解系统中存在的潜在风险与漏洞。攻击面分析涵盖了软件、网络漏洞以及人员等各方面，图 10-3 描述了攻击面分析的过程。

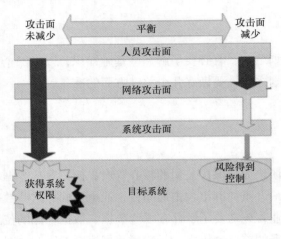

图 10-3

10.2.4 供应商管理

在处理网络安全事件、制订事件响应计划，以及应对服务中断时，供应商管理也许不是脑海中出现的第一件事，但这无疑是与该领域有所关联的。当新的供应商加入供应链中时，甲乙双方将一起商量彼此之间开展合作的各项条款。如今，许多企业开始审查他们现有的合同，以确保供应商在安全事件处理期间的各项要求已被包含在内。许多企业强制要求供应商在发现网络攻击时立即通知他们。作为事件响应计划的一部分，在和供应商签订的合同条款中，还应该确保企业拥有审计权。

10.3 事件响应和管理

制订和实施事件响应计划：成功的事件响应和管理方法可以确保企业的信息得到保护，从而在服务中断时可以尽可能快地做出检测和响应。**安全运营中心（Security Operations Center，SOC）**的员工需要遵循事件响应计划，尽快纠正任何潜在的违规行为。图 10-4 显示了本章将详细介绍的最常用的事件响应计划方法。

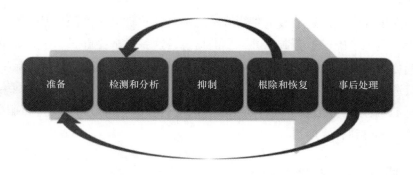

图 10-4

10.3.1 阶段 1——准备

准备阶段是事件响应计划的开始，它总结了在网络安全事故发生前进行的所有活动。该阶段的核心是制定事件响应的工作流程。重要的是，事件响应计划过程中创建的文档并不是被创建后就再也不会被使用了，而是会成为安全运营团队内部可以持续使用和更新的文档。当企业开始制订事件响应计划时，通常会重新评估当前的安全控制措施，并将其与行业和供应商的最佳实践进行比较，在这个过程中可以帮助企业发现未知的薄弱点。企业在处理网络安全事件的过程中会不断成熟并积累更多的经验，这会帮助企业进一步优化事件响应计划。尽管团队中的个人会经历不少网络攻击和服务中断，然而这些都可以成为团队学习的机会。

10.3.2 阶段 2——检测和分析

在检测和分析阶段，安全运营团队需要确认网络安全事件是否真实存在，并在得到确认后迅速确定该网络安全事件的影响范围。团队需要能够快速确定某个特定活动是由实际员工发起的，还是由潜在攻击者模仿员工行为发起的。例如，当 Microsoft Word 在一个终端启动时，并不意味着攻击者正在执行恶意动作，世界上几乎所有的企业都在使用 Microsoft Word，这一类型的个人行为是恶意攻击的可能性很小。但是，在分析过程中，如果发现 Microsoft Word 是被 PowerShell 脚本拉起后台执行的，就不太可能是正常的员工行为了。而这只是需要详细分析细节的大量情况中的一个。

10.3.3 阶段 3——抑制

抑制阶段是事件响应计划中最重要的阶段之一。在此阶段的执行过程中，很有可能会导致服务的中断，但为了确保不会造成进一步的损害，这一步至关重要。在此阶段，安全团队将尝试控制局势。如果不对安全事件进行抑制，结果将会产生很高的风险，除了短期损害之外，还可能会造成指数级的中长期损害。请想象这样一个不包含抑制阶段的网络攻击场景：安全团队恢复 IT 服务，但是该服务一恢复便再次遭受攻击。这是因为在进行服务恢复之前，网络安全事件并未得到有效抑制。

10.3.4 阶段 4——根除和恢复

根除和恢复是两个单独的过程，尽管它们可能会同时发生。通过根除，企业可以确保与网络安全事件相关的所有组件被移除，例如删除恶意软件、删除钓鱼攻击中收到的电子邮件、禁用受危害的账户。恢复过程是企业期望安全团队尽快执行的过程，但重要的是不要匆忙，保持冷静，并遵循事件响应计划。请记住，在进行恢复时，需要确保在恢复后攻击者不会立刻再次破坏它。此步骤包括将系统恢复到可操作阶段，还包括对系统进行加固以确保相同的攻击模式不会再次起作用。

10.3.5 阶段 5——事后处理

结束服务中断并使业务得以恢复运行固然重要，但解决网络安全事件后进行事后调查也同样重要。网络安全是一个持续学习和提升的过程，只有汲取以往的经验教训，企业才能真正提高其网络安全实践的成熟度。在事后处理阶段，团队对网络安全事件进行回顾，深入了解网络安全事件最初是如何发生的，可以采取哪些措施来防止网络安全事件的发生，以及如何改进事件响应的方法。事后处理阶段的发现直接影响着阶段 1（准备阶段）的执行方式。

10.4 小结

在本章中，你可以了解到网络安全不仅仅是技术问题，技术的效果取决于使用它的人，网络安全是关于技术、人员和流程的。当服务中断，攻击者出现在系统环境中时，请保持冷静，因为恐慌常会导致错误。本章介绍了什么是网络安全事件，最重要的是，如何通过制订和实施一个成功的事故响应计划来应对服务中断。

第 11 章将介绍从领导者到行动者，影响整个网络安全实施的人为因素，这其中包括标准、政策、配置、体系架构等。

11

第 11 章

人为因素——
失败的治理

　　人是网络安全最薄弱的环节。企业可以花费大量的资源来建立一流的网络安全基础设施，但是用户的一个小错误就可能会破坏网络安全基础设施。这就是企业在实施网络安全计划时需要考虑人为因素的原因，但不幸的是，这一点又恰恰被很多企业忽略。企业的管理人员认为，网络安全是 IT 部门的职责。因此，管理人员不批准为旨在提升用户安全意识的计划或措施提供资金。统计数据表明，人员是每年造成网络安全损失的最大原因之一。根据美国提供网络安全控制框架的机构美国国家标准与技术研究院（National Institute of Standards and Technology，NIST）的数据，35%的数据泄露通常归咎于人员，人为因素造成的全球经济损失为 1.4 亿美元。47%的 IT 专业人士表示对业务部门和网络安全部门的合作现状不满。更令人不安的是，据说企业只有在相关的安全漏洞发生后才开始处理人为因素。值得注意的是，安全漏洞的平均成本超过 100 万美元，攻击技术和工具也在日新月异地变化。本章将基于以下主题，重点讨论人为因素：

- 业务与安全；

- 失败的安全管理；

- 无意的在线行为；

- 内部威胁；

- 金融服务技术变革；

- 失败的安全政策执行。

11.1　业务与安全

有许多企业对网络安全的认知存在不足。大多数员工，尤其是高管们认为，网络安全只是一个技术问题。因此，确保所有用户免受各种形式的网络威胁是 IT 部门的职责。然而，他们也应该意识到，网络安全只由 IT 部门负责的日子已经过去了。网络罪犯不断更新技术，不再只专注于攻击网络和计算机系统，他们利用新技术，使得攻击变得更加复杂。黑客攻击的发生可能仅仅是因为员工点击了某个链接或者接听了某个电话，也或许是利用了企业的**自携设备（Bving Your Own Device，BYOD）** 等政策，导致安装了恶意软件的个人设备被带入了企业。物联网设备在企业中，尤其是在生产线上被广泛使用，这也是网络安全的噩梦。同时，供应链也是网络安全威胁的切入点之一。IT 部门无法应对所有类型的威胁，这就是为什么企业中的每个人都需要成为网络安全团队的一员。然而，基于控制成本的考虑，许多企业选择不让所有员工都接受网络安全培训。对此他们总是有各种各样的理由，其中最主要的理由是：培训是要花钱的，并且目前并没有看到任何明显的威胁存在。因此，他们认为企业投资金钱和时间来提升员工的安全意识是一种资源浪费。

除此之外，员工往往无视安全政策，他们认为这是一种限制性的、耗时的以及不必要的负担。最终，旨在保障企业安全的准则并没有得到遵守。然而，员工和高管所持有的这一类观点对任何企业的未来都是消极和危险的。威胁在持续不断地增加，许多企业，无论规模大小，都将很快面临这样或那样的威胁。由于员工未经培训，而且不重视安全政策，黑客可以很容易地入侵企业。当企业遭到攻击时，依赖于计算机系统的服务将会中断，业务运营将被迫停止，企业将遭受品牌、客户和客户忠诚度的损失，此外还将面临一系列负面影响。最重要的是，企业将为此承担损失，甚至遭受黑客的勒索。因此，高管们应该意识到业务和网络安全是相互交织的，没有网络安全，企业甚至可能会破产。这就是为什么必须进行投资以解决网络安全中的人为因素，人为因素是每年所有网络入侵发生的主要因素。

11.2　失败的安全管理

尽管企业可能花费了大量的资源来获取和使用安全产品，但企业在安全管理方面仍可能会存在不足，从而造成了令人沮丧的现状：安全管理不善导致大量资金损失。导致安全管理失败的原因有很多，包括以下内容。

11.2.1　缺乏对网络安全措施的采纳

企业中安全管理失败的第一个原因是缺乏对网络安全措施的采纳。网络安全措施需要得到企业管理人员的采纳，才能被成功实施。高管们不会为与企业目标不一致的计划买单，因此，IT 人员必须能够证明他们想要在企业中实施的计划或措施对企业的目标是有益的。高管大多没有技术背景，他们对新计划或措施的接受往往较慢。例如，对于要求所有员工使用密码管理器这一措施，他们往往难以识别出这一措施的优点，因而很可能会拒绝这一提议。因此，IT 安全经理需要善于引导高管关注严重的 IT 问题，解释这些问题如何影响业务，然后从高管那里获得支持。

11.2.2　缺乏组织和规划

企业中安全管理失败的另一个原因是缺乏组织和规划。据说，大多数 IT 项目都失败了，很少有项目能在最初计划的范围或预算之内结束。网络安全项目也缺乏适当的规划。当 IT 安全经理从高管那里获得支持，准备执行计划时，他们需要根据项目的可交付成果和里程碑进行准备，对结果定义不准确是 IT 项目失败的关键因素之一。由于技术技能在 IT 项目中至关重要，因此项目需要有合适的人员配置。项目还需要保持在范围内，如果出现了超出范围和预算的新需求，则不应该被添加到项目中。

11.2.3　领导能力不足

最后，领导能力不足也是 IT 项目失败的一大原因。如果没有强有力的领导者，网络安全项目可能会迅速失败。对 IT 项目的支持需要从初始阶段持续到完成阶段。如果某个项目是要对员工进行社会工程学攻击方面的培训，那么安全部门的领导需要有社会工程方面的经验，并且要有一个经过深思熟虑的计划来对员工进行分批培训。如果没有强有力的领导，一些初级员工甚至会认为这是在浪费时间，从而不来参加培训。如果项目在如何实施方面存在冲突，则需要强有力的领导来做出处理与决断。

11.3　无意的在线行为

随着网络攻击中社会工程的兴起，以及越来越多地使用高效恶意软件，员工的在线行为可能会将企业置于被攻击的风险中，或者成为攻击发生的诱因。有许多企业遭受了网络诈骗的威胁，还有一些企业员工在网络上的无意行为导致恶意软件植入员工的计算机。对员工在企业网络中可以做什么和不能做什么进行划分是很有必要的，在这个过程中，主要的挑战是员工们认为他们的无意行为不会给企业带来损失。图 11-1 展示了钓鱼邮件中的恶意链接。

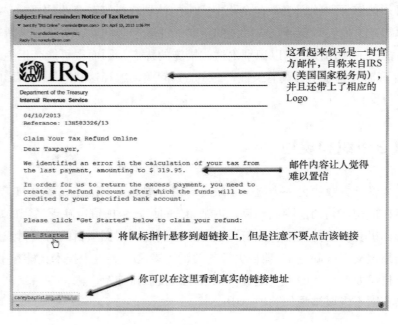

图 11-1

　　企业中的安全经理不得不处理的无意识的在线行为之一便是员工点击了陌生人发来的电子邮件中的链接。员工应该被告知，点击链接后恶意软件将可能被下载并自动安装在计算机中，还有许多恶意网站会欺骗用户下载和安装恶意软件。曾经有网络钓鱼诈骗的案例，黑客利用假冒的电子邮件（例如 Paypal）向收件人提供可窃取信息的恶意网站链接。员工可能不了解这些骗局，因此需要警告他们不要点击此类链接。

　　另一种无意行为是员工在公司计算机上访问恶意网站。有的网站声称提供某些免费服务，例如免费下载电影、免费下载软件等。然而，其中一些站点具有恶意软件，往往是间谍软件或广告软件。访问者在下载免费资源的同时，也下载了这些恶意软件。当这些恶意软件被安装在企业的计算机上时，它们很可能会迅速传播并感染其他计算机和服务器。因此，一个员工的无意行为会影响整个企业，这些恶意软件可能会对公司造成毁灭性的影响，例如密码被广泛窃取，或者在计算机上不断弹出烦人的广告。

　　事实证明，许多员工会无意在社交媒体上泄露私人信息。由于受到大多数社交媒体网站鼓吹的"分享一切"这一文化的影响，员工们可能会在上面分享自己的工作地点、职称甚至是办公室的照片。曾有案例，一名 IT 员工在 Facebook 上确认了自己的工作地点和兴趣爱好，黑客盯上了他，并伪造了一个具有相同爱好的漂亮女孩的资料。攻击进行得很顺利，这名员工下载了黑客通过虚假身份发来的恶意软件。幸运的是，该企业有一个强大的防病毒系统，阻止了恶意软件执行和感染该员工的计算机。许多类似的案件都没有这样幸运的结局。许多社会工程学攻击之所以发生，正是因为员工在社交媒体上泄露了关键信息。他们在自己的个人资料中更新了大量的信息，这些信息可能会被攻击者用社会工程学技术加以利用并发起攻击。

11.4 内部威胁

图 11-2 说明了内部威胁产生的原因。

个人素质
- 惯犯
- 职业犯罪

个人压力
- 经济诱惑
- 法律问题

职业压力
- 降级
- 对评审结果不满意

令人担忧的行为
- 违反数据防泄露推测
- 违反行为准则

内部威胁行为
- 知识产权盗窃或欺诈
- 隐藏信息行为

内部威胁的常见因素

图 11-2

内部威胁是对企业最大的威胁之一。内部威胁是指那些会对企业发起攻击的内部员工，或者帮助攻击者对企业进行攻击的内部员工。由于他们拥有大量的敏感信息以及企业授予他们的特权，因此尤其危险。内部威胁可以在企业内部进行黑客攻击，因为他们熟知企业已经采取了哪些安全措施，所以他们可以把这些措施透露给黑客，并告知其应该发起哪些类型的攻击。如果企业使用了防火墙，他们可以告诉黑客该防火墙的品牌和型号，以便黑客研究在该场景下可以利用的漏洞。

内部威胁拥有许多系统的访问权限，他们可以通过这些系统中的身份认证。因此，他们可以与黑客共享这些登录信息，以帮助黑客更容易地进入系统。具有较高特权的内部威胁，例如系统管理员，甚至可以隐藏黑客的活动踪迹，因此更加危险。系统管理员可以为黑客创建新账户，或者在黑客访问系统并修改或窃取一些数据后删除日志。这就是安全框架强烈要求采用双人管理制度的原因，以使其中一些重要操作必须由多个管理员授权。

内部威胁也可以是攻击者本身，他们可能会为了金钱利益而从事恶意的活动。竞争对手可能会向他们支付报酬，以破坏企业的系统。他们也可能被那些对企业心怀不满的员工雇佣来攻击企业中某个特定的高级员工。广告商也可能会花钱购买他们从企业内部窃取到的用户数据。当这些行动发生时，很难怀疑到是内部人员造成的，数据被窃取可能会被归咎于某次神秘的黑客入侵，系统发生故障可能会被归咎于系统供应商，针对特定员工的攻击也可能会被视为是外部实体发起的。当发现是内部威胁时，往往为时已晚。

例如，企业无法辨别营销代理访问邮件列表后是否会复制这些邮件并将其分享给竞争对手，因为对邮件列表的访问是营销代理日常工作职责的一部分。因此，内部威胁已经成为企业最难应对的攻击类型之一。

企业可以采取的用于减轻内部威胁的常见对策包括以下几类。

- 人员审核。在招聘之前，人力资源管理人员需要对雇员进行严格的背景调查和面试筛选，尝试识别出可能有内部威胁倾向的雇员。

- 职责轮换。若内部威胁负责敏感数据和系统，则会造成极大的危害。企业可以实施轮岗计划，避免同一个员工一直负责此类数据或系统，减少潜在攻击计划和执行的时间窗口。

- 最小权限和职责分离。这些安全控制措施降低了内部威胁的访问权限，从而防止内部威胁对企业造成广泛的破坏。

11.5 金融服务技术变革

图 11-3 展示了某商业邮件欺诈的案例。

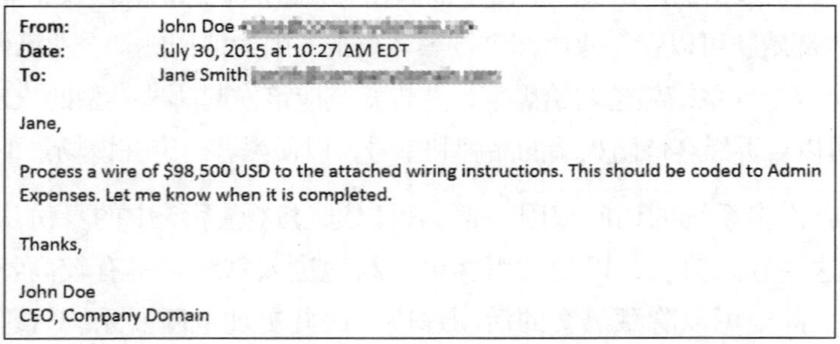

```
From:       John Doe ████████████████
Date:       July 30, 2015 at 10:27 AM EDT
To:         Jane Smith ████████████████

Jane,

Process a wire of $98,500 USD to the attached wiring instructions. This should be coded to Admin
Expenses. Let me know when it is completed.

Thanks,

John Doe
CEO, Company Domain
```

图 11-3

传统情况下，金融交易是通过物理方式完成的。付款方式为现金或支票，钱以现金的形式存在银行或企业的保险箱里，很少有漏洞可以被攻击者利用来从企业中非法获取金钱。然而，技术发生了变革，出现了新的解决方案来避免现金处理的麻烦。网上银行彻底改变了支付方式，企业机构转向无现金交易，他们选择通过这些在线支付网关进行交易。然而，这也为攻击者敞开了大门。

企业因黑客而遭受损失的案例有很多，令人惊讶的是，这些案件中大多数都涉及企业主动向黑客转账。攻击者利用网络钓鱼攻击诱导企业转钱，有一种特殊的网络钓鱼方法被称为商业邮件欺诈，这一类攻击已经导致企业损失数百万美元。在这种攻击方式中，攻击者获得企业高管的电子邮件账号，然后通过该邮件账号向财务部门的初级员工发出紧急要求，要求他们向某些第三方付款。借口通常是支付逾期发票或快速完成交易。由于初级员工觉得有义务满足来自领导的要求，尤其是通过官方电子邮箱发送的邮件，因此他们会按照说明进行操作。直到钱被转走，企业才意识到这是个骗局。在某些情况下，恶意邮件诱导员工将钱转移到据称是承包商或供应商的离岸账户。这一欺诈攻击让许多企业都中招了，如果不是因为金融服务的技术变革，很多企业将不必担忧这一类攻击的发生。

另一种类型的金钱盗窃是通过攻击企业的网上银行账户发生的，这一过程中有很多工具可以利用，例如间谍软件、键盘记录程序、屏幕截图软件和浏览器密码窃取软件。这些恶意软件可以被发送和安装在被授权进行交易的财务部门员工的计算机中。间谍软件将监视计算机用户的一切行为，包括访问的网站和提供的输入。黑客将利用这些信息访问网上银行，提供相同登录名来访问该企业的资金账户。键盘记录程序用于捕获用户的按键输入，且可以在后台长时间隐身运行。用户的按键输入被记录在黑客有权限访问的日志文件中，黑客只需要在其中寻找网上银行的 URL 以及随后输入的用户名和密码即可。屏幕截图软件可以从拥有网银账号的用户那里窃取凭据。最后，还有专门从浏览器窃取密码的恶意软件。根据员工的习惯，他们为了方便会将密码保存在浏览器中，以便下次访问网银时能够轻松登录。然而，这也成为许多黑客的目标，他们可以利用工具窃取浏览器中的凭据。

最后，财务部门也面临着内部威胁的挑战，这些内部威胁相当危险，因为他们可以精心策划攻击，他们还可以使自己看起来像是受害者，而不是肇事者。由于大多数企业都依赖于财务部门的员工向供应商和承包商付款，因此内部威胁可能会导致企业向虚构的供应商或承包商付款。他们甚至可以将未开具发票的款项支付到自己私下的账户中。只要在财务部门工作，他们就很容易隐藏自己的行踪，让包括审计师在内的任何人都难以追踪这些付款。网上银行和用于财务管理的 ERP 系统使这一威胁成为可能，这些系统可以很容易完成支付并且隐藏踪迹。

11.6　失败的安全政策执行

　　几乎每个企业都有一套安全政策，这些政策的创建是为了提供有关如何始终确保企业安全的指导。安全政策处理的威胁场景范围广泛，包括关于密码、用户特权、审计、企业设备和服务的获取以及企业资源的使用等方方面面的指导。为了确保安全，这些政策往往偏于严格。然而，只有少数企业执行了这些安全政策。

　　安全政策执行失败的原因之一是员工没有遵守安全政策。如果员工知道这些政策，但却不遵守，则会将企业置于危险之中。如果安全政策禁止在密码中使用姓名和出生日期，但员工却执意如此，企业将面临员工账号被黑客使用密码破解器攻击的风险。不遵守规则也是安全政策执行失败的一种原因，如果员工偷偷这么做，就会为企业带来未知的风险。

　　缺乏强制执行也是安全政策执行失败的一个原因。在企业中，不遵守安全政策通常不会受到惩罚。员工访问恶意网站、点击陌生人的邮件链接、将公司数据复制到个人设备，以及在社交媒体上发布敏感信息等，虽然违反了安全政策，但却没有对他们采取任何明确的惩罚措施。这些问题会蔓延到其他员工身上，仅仅是因为他们看到自己的同事这样做了却没有给自己或公司带来任何负面影响。IT 部门没有做到强制执行安全政策，也许是因为还承担了许多其他的责任，或者是因为难以辨别谁违反了政策，又或者是因为疏于管理。如果缺乏对这些政策的强制执行，那么便违背了制定这些政策的目的。IT 部门只有认真对待安全政策的实施，才能避免许多攻击。然而，由于强制执行和遵从性是由人为因素决定的，因此存在着很高的不合规率。

　　最后，安全政策未能成功实施，上级也难辞其咎。这是因为他们有自己高于准则的观念，所以他们往往是最先违反安全政策的。巧合的是，由于所承担的职务，他们无法为自己的行为承担后果。例如，如果主管没有为账号使用强密码，他们将不会受到 IT 安全经理的惩罚。此外，初级 IT 员工不会随意去警告没有遵守某些安全政策的高管。高管们认为，IT 部门应该处理与该行业网络安全相关的所有事情，因此，确保系统受到保护的职责应该由 IT 部门来承担，但是高管却并不愿意在这方面投入精力并设置严格的密码。高管们还将这些政策看作费时的麻烦事，只有当网络入侵给公司造成巨额损失或损害其声誉时，高管们才会看到安全政策的必要性。

11.7　小结

　　本章探讨了影响网络安全的一些人为因素，讨论了由人为因素造成的攻击和损失的现状。

本章还探讨了高管们在业务和网络安全之间的考量。有的高管认为，企业投入资金用于网络安全产品是一种资源浪费。网络安全是昂贵的，并非所有组织都愿意投入所需的资源，尤其是和看起来对企业更有回报的优先事项相对比时。因此，由于这样的抉择，企业的安全性做得并不好，很容易受到攻击。最终，企业所遭受的损失将超过安装网络安全产品或培训员工的成本。本章还研究了安全管理失败的问题。网络安全是掌握在 IT 安全经理手中的，如果他们的领导能力很差，企业的网络安全将是不乐观的。如果 IT 安全经理不能从高管那里获得支持，不能正确地计划项目，不能很好地领导项目团队，那么大多数安全项目都会失败，从而使企业暴露在威胁之下。无意的网络行为被认为是造成网络安全中人为因素问题的最主要原因。已有许多现有的攻击案例是由于员工在网上的无意行为造成的，例如员工在公司的计算机上安装了恶意软件、浏览恶意网站、用公司设备点击陌生人发来的邮件链接，此外，他们还在社交网站上提供了许多对攻击者有用的信息。通过这些方式，他们已经把企业置于被黑客攻击的风险中。

本章还研究了内部威胁，由于内部威胁拥有大量敏感信息与系统访问权限，因此被视为企业面临的最大威胁之一。金融服务技术的变革也是网络安全中与人为因素相关的问题。由于采用了企业资金管理和向供应商和承包商转账的技术，企业员工成为黑客的目标。最后，失败的安全政策执行也是网络安全中人为因素面临的挑战，本章介绍了这些政策执行失败而将企业置于危险之中的人为原因。

第 12 章将介绍各种网络模型及其安全风险。

12

第 12 章
安全边界和
资产保护

为了保护资产而设置安全边界是一个非常广泛的话题，本章的重点将放在 IT 边界安全。边界安全的实现方式有多种，但其核心是对已知和未知的威胁进行安全控制，同时做出基于风险的决策。

"主要的网络风险之一是认为它们不存在，另一种风险是设法处理所有潜在风险。"

——斯蒂芬·纳波（Stephane Nappo）

IT 边界安全计划将证明你的安全体系结构、正在使用的技术和已建立的流程是否能够防止网络攻击，以及当攻击最终发生时，你能够以多快的速度检测和响应它们。历史上，许多企业依赖于单信任网络模型。在这种模型下，企业只有一个安全边界，一旦这个边界被突破，攻击者就可以完全进入公司网络。这是网络犯罪分子能够在网络内部迅速地行动，并在破坏一个终端后的几分钟或几小时内摧毁整个基础设施的原因。网络安全中最大的问题之一是企业一直在不断追求解决特定网络威胁的新技术。在过去的几年里，大量的研究致力于 IT 边界安全，这引领了诸如双重信任网络模型和零信任网络模型的创新。本章将深入探讨最常用的 IT 边界安全模型——单信任网络模型，然后分享对双重信任网络模型的理解，最后介绍零信任网络模型。

12.1 网络模型

在深入研究终端安全性之前，让我们先了解各种可用的网络模型。正如前面指出的，当今大多数企业都使用单信任网络模型，但是在过去几年里，许多企业已经开始转向使用双重信任甚至零信任网络模型。

12.1.1 单信任网络模型

单信任网络模型是最常用的 IT 边界网络模型。它基于以下假设：一些防火墙可以控制从外部到内部的网络。

目前许多企业使用的单信任网络模型的问题在于，它对外部威胁的保护不足，且对内部威胁未做保护。如果攻击者在网络边界之外，他们所需要做的就是攻破安全边界，从而获得完全访问该网络边界内所有终端和基础设施的权限。一旦网络犯罪分子对其中一个终端有访问权限，就能够横向移动，快速进入企业内部网络环境中，如图 12-1 所示。

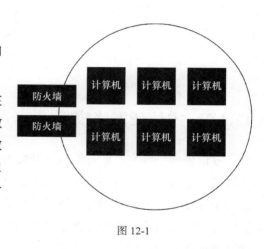

图 12-1

12.1.2 双重信任网络模型

双重信任网络模型与单信任网络模型非常相似，都具有相同的外部边界，如图 12-2 所示。这两种网络模型的区别在于双重信任网络模型附加了额外的内部层，它位于公司网络和外部网络之间，由额外的防火墙和负载均衡保护。这一附加层不仅可以确保非法流量无法进入公司网络，还可以作为 TCP 代理，当服务器在网络通信时通过负载均衡交换流量，从而不必直接与服务器通信。

双重信任网络模型的问题在于它未能改变对外部威胁的应对格局。但是，与单信任网络模型相比，由于增加了额外的网络端和负载均衡，它对内部威胁有一定的安全防御作用。但是，一旦某个终端被破坏，攻击者仍然可以获得整个环境的控制权。虽然双重信任网络模型比单信任网络模型更安全，但它仍然会给企业带来风险。

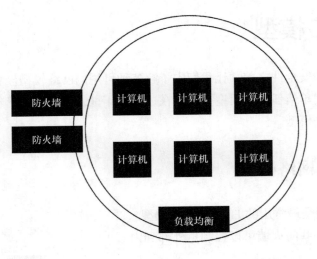

图 12-2

12.1.3 零信任网络模型

零信任网络模型是推荐的网络分段方法。有了该网络模型，企业犹如同时拥有了单信任网络模型中的外部安全层，以及双重信任网络模型中的内部安全层，并且在网络中引入了内部安全区域，如图 12-3 所示。零信任网络模型摒弃了传统的通过用户所处的网络位置而建立信任这一核心概念，它假设网络已经被攻击者攻陷。零信任网络模型依赖于终端和身份而非网络来控制对企业服务和资源的访问。

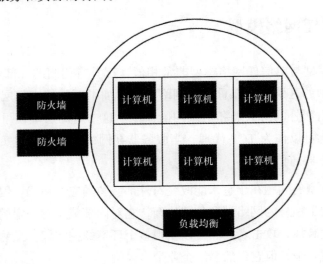

图 12-3

零信任网络模型包含以下组件：

- 终端目录，用于准确表示所有允许访问企业服务和资源的终端；

- 评估服务，用于确认一个终端是否符合企业安全政策；

- 标识目录，准确地表示应该允许访问的企业服务和资源的所有标识；

- 访问代理，它可以利用前面的组件来提供对企业服务和资源的访问。

借助零信任网络模型，企业可以确保只有具有可信标识的终端才能访问公司服务和资源。通过这种方法，企业可以执行动态信任决策。零信任网络模型显著降低了当前网络面临的横向移动的风险，即就算某个终端被攻破，也无法与其他终端或基础设施进行通信。因此，许多安全厂商（如谷歌、微软）已将零信任网络模型视为网络分段安全性的下一个发展方向。

Microsoft 365 零信任网络模型

微软通过一款叫作 Microsoft 365 Enterprise 的产品，提供了安全的云端办公方案。正如 Windows 在操作系统领域的影响，以及 Office 在办公程序领域的影响，在这里我们将重点讨论 Microsoft 365 零信任网络模型的体系结构，如图 12-4 所示。安全团队当前所面临的挑战之一是员工需要随时随地可以工作。正因如此，无论他们身在何处，他们都需要访问企业的服务和资源。但这使仅基于身份的访问控制政策变得过时。

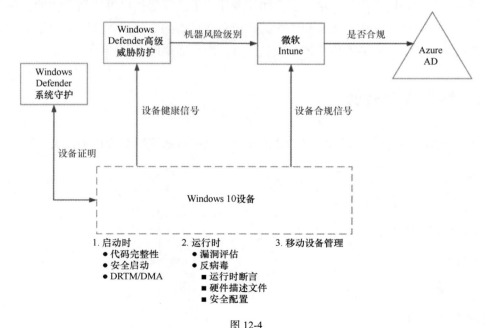

图 12-4

微软零信任网络模型的基础是 Azure Active Directory 条件访问，以及 Azure Active Directory 身份保护。结合这两种工具，企业可以基于每个资源本身的身份、终端、位置和会话风险做出动态访问控制决策。Azure Active Directory 条件访问为企业提供了一组政策，可以对这些政策进行配置，以确定用户在何种情况下可以访问企业的资源和服务。由于 Microsoft 服务之间的深度集成，它可以包括组成员身份、设备健康状态、设备合规状态、用户角色、使用中的移动应用程序、位置和登录风险级别。这样企业就可以更完全地控制配置和确定用户是否可以访问资源，是否应该拒绝用户对资源的访问，或者是否应该提示用户进行其他身份认证，例如使用 Azure Active Directory Multi-Factor 进行**多因素身份认证**。

12.2　终端安全

终端可以是台式计算机、笔记本电脑、打印机、**销售点终端（Point of Sale，PoS）、物联网设备**或服务器——无论是在实体机上还是在虚拟环境中，甚至在云中。确保终端安全已经成为许多企业的首要任务，这是因为任何终端都可能成为攻击者的目标——无论是连接到企业网络还是互联网，甚至是在断开连接的环境中。攻击者开始更多地将精力放在直接破坏终端上，因为终端直接与企业中安全态势最薄弱的环节相连，即控制这些终端的人员。

终端安全是一种网络防护方法，安全团队专注于为终端提供尽可能强的防护。在以前，这意味着为了安全而牺牲用户体验和生产力，但是在过去的 5 年里，这种情况发生了变化，企业不再接受为了安全而牺牲用户体验或生产力，而是需要两者兼顾。

12.2.1　终端安全威胁

终端安全面临着许多不同的威胁，总体而言，这些威胁可以分为以下几类：

- 物理权限；
- 恶意代码执行；
- 基于设备的攻击；
- 通信拦截；
- 内部威胁；
- 降低生产力。

了解这些威胁很重要，因为这可以确保缓解措施执行到位。以下内容将给出每种威胁的简短示例。

12.2.1.1 物理权限

假设你是一家上市公司的安全架构师。今天早上，**首席财务官（CFO）**的**行政助理（Executive Assistant，EA）**打电话来说 CFO 在机场丢失了笔记本电脑，并且这台笔记本电脑包含了将在明天向公众披露的财务报表。以下是一些你需要问自己的问题。

终端安全政策是否可以确保捡到笔记本电脑的人符合以下条件：

- 无法登录到终端；
- 无法从终端提取数据；
- 无法禁用任何安装在终端的软件；
- 无法确定终端属于哪家公司。

12.2.1.2 恶意代码执行

假设你是一家公司的安全架构师，该公司的网络环境没有直接与外部的互联网连接。某攻击者将含有恶意程序的 U 盘扔到员工的停车场附近。研发部门的负责人捡到了其中一个 U 盘，并把它带进了公司。到达办公桌后，他把 U 盘插到了计算机上。以下是一些你需要问自己的问题。

终端安全政策是否可以确保攻击者无法做到以下事项：

- 在终端上运行恶意代码；
- 在公司的网络环境中横向移动；
- 销毁终端上的数据并且无法恢复；
- 提取存储在终端上的敏感数据。

12.2.1.3 基于设备的攻击

假设你是一家财富 500 强企业的安全架构师，该企业正在对 IT 部门进行大幅度的成本削减。一些 IT 维护工作被外包了出去，这意味着当需要对终端进行修复时，运行 Windows 7 操作系统的设备会被送到另一家公司。然而，该外包商本身已成为内部攻击的目标，其中一个潜伏在外包商的攻击者获得了对终端的访问权。以下是一些你需要问自己的问题。

终端安全政策是否可以确保攻击者无法做到以下事项：

- 执行冷启动攻击；

- 从终端提取公司数据；

- 植入恶意硬件而不被发现。

12.2.1.4　通信拦截

假设你是一家大型金融服务机构的安全架构师。网络安全防御中心的报告称，终端用户在使用网上银行系统时存在可疑活动。经过进一步调查，确认是一名攻击者尝试实施中间人攻击。以下是一些你需要问自己的问题。

终端安全政策是否可以确保攻击者无法做到以下事项：

- 拦截终端客户和银行之间的通信；

- 干扰终端客户与银行的网络连接。

通信拦截过程如图 12-5 所示。

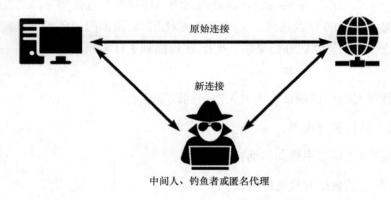

图 12-5

12.2.1.5　内部威胁

假设你是一家大公司的**网络防御运营中心**（Cybersecurity Defense Operations Center，**CDOC**）的安全分析师。最近，公司在**人力资源**（Human Resources，**HR**）和**研发部门**（Research and Development，**R&D**）进行了裁员。尽管员工应该归还属于公司的所有资产，但仍有一些员工没有退还公司发放的用于工作的笔记本电脑。你知道这些笔记本电脑里有商业机密。以下是一些你需要问自己的问题。

终端安全政策是否可以确保前雇员无法做到以下事项：

- 使用他们的企业凭据登录到终端；

- 使用他们的企业凭据登录和访问企业服务以及资源；

- 将公司数据从终端复制到个人 U 盘。

12.2.1.6 降低生产力

假设你是一家大型企业的新任**首席信息官（Chief Information Officer，CIO）**，IT 部门和安全部门会向你汇报工作。在过去，终端用户的生产力并不是安全部门关心的重点，这可能会导致 IT 部门和安全部门之间产生摩擦。IT 部门希望部署最新的技术，以提高终端用户的生产力，而安全部门则希望阻止大多数项目。以下是一些你需要问自己的问题。

终端安全政策是否可以做到以下事项：

- 制定安全的办公环境政策；

- 兼顾安全性与生产力。

12.2.2 现代终端安全

现代终端安全包括设备保护、威胁抵抗、身份保护、信息保护、入侵检测和响应能力。在过去，许多企业都投入了不少精力研究如何更好地做到安全，然而如今，更多的企业开始考虑从单个供应商那里获得安全服务。鉴于 Windows 10 是部署最多的操作系统，本小节将着重基于它进行讨论，如图 12-6 所示。本小节将介绍利用其内置的功能确保 12.2.1 小节中提到的问题得到解决。

图 12-6

12.2.2.1 设备保护

设备保护功能是 Windows 10 操作系统的重要组成部分。有了设备保护，微软可以确保操作系统在引导时仅加载受信任的代码，并在有人尝试破坏系统引导完整性时对其进行早期检测。图 12-7 所示的组件是 Windows 10 设备保护的一部分。

12.2.2.2 威胁抵抗

威胁抵抗加大了攻击者的攻击难度。威胁抵抗的重点是尽可能地减少攻击面，图 12-8 所示的组件是 Windows 威胁抵抗的一部分。

图 12-7   图 12-8

12.2.2.3 身份保护

由于身份保护的重要性，因此在该领域花费大量的精力去研究是值得的。在过去的几年中，散列传递攻击（pass-the-hash）、票据传递攻击（pass-the-ticket）以及其他基于凭据或散列的攻击已经变得非常普遍。为此，微软研究了存储和保护密钥，以及消除传统密码的方法。这可以通过图 12-9 所示的组件实现。

12.2.2.4 信息保护

几乎所有网络攻击的目标都是以某种方式窃取敏感数据。无论是外部威胁还是内部威胁，数据泄露几乎总是网络攻击的最终结果。因此，安全厂商在信息保护领域花费精力去研究也就不足为奇了。Windows 10 操作系统内置了图 12-10 所示的组件。

图 12-9   图 12-10

12.2.2.5 入侵检测和响应

如今，企业需要为入侵的后果承担责任。因此，企业需要对网络攻击做检测和响应，并

且为终端分配动态政策，以确保在受到威胁时攻击者无法访问企业的资源和服务。图 12-11
所示的 Windows 10 操作系统的内置组件可以做到这一点。

图 12-11

12.3 小结

本章通过深入研究基于单信任网络模型、双重信任网络模型和零信任网络模型设计的差
异介绍了网络分段的演变。如今的企业需要假设它们已经面临威胁，因此，零信任网络模型
成为最佳的选择。借助零信任网络模型，企业可以确保只有具有可信标识的终端才能访问企
业的资源和服务。此外本章还介绍了终端资产在现实世界中面临的不同威胁，以及对这些威
胁提出了示例问题，这些问题可以帮助判断终端安全政策是否满足要求。如果企业难以回答
这些问题，或者认为当前做得还不够，那么现在就是在这些领域加大投入的好时机。鉴于
Windows 10 是企业中部署最多的操作系统，本章还介绍了内置的操作系统安全功能，并解
释了它们是如何作为现代终端安全计划的一部分为企业提供帮助的。

第 13 章将讨论企业通用的 3 个重要过程：审计、风险管理和事件处理。

13

第 13 章
威胁及漏洞管理

漏洞管理是一个周期性的实践，包含识别、分类、划分优先级、实施补救措施以及缓解软件漏洞带来的危害。漏洞管理对于任何企业都至关重要。漏洞管理这个术语通常与漏洞评估混淆，漏洞评估是识别、量化以及确定系统中漏洞的优先级的过程。建立卓有成效的漏洞管理策略的最佳方法是使其成为漏洞管理生命周期。漏洞管理生命周期按优先顺序安排所有漏洞的缓解过程，计划在正确的时间执行正确的应对措施，以此在攻击者找到并滥用这些漏洞而发动攻击之前，率先发现并解决这些漏洞。

在本章中，我们将重点关注以下主题：

- 漏洞管理策略；

- 漏洞的定义；

- 安全问题的本质原因；

- 漏洞管理工具；

- 实施漏洞管理；

- 漏洞管理最佳实践；

- 自我评估；

- 理解风险管理；

- 纵深防御方法。

13.1 漏洞管理策略

漏洞管理策略由不同的阶段组成，我们将在以下各小节中进行介绍。

13.1.1 资产清单

漏洞管理策略的第一阶段是进行资产盘点。但是，许多企业缺乏有效的资产注册流程，因此在遇到需要保护企业设备安全的时候就会面临困难。安全管理员可以通过资产清单来查看企业所拥有的设备，以及确定哪些设备需要受到安全保护。

在漏洞管理策略中，企业应该首先让员工承担自主管理资产清单的责任，以确保所有设备都记录在案，并且确保清单得到及时更新。网络和系统管理员也可以使用资产清单来快速查找设备和系统，并为其安装补丁更新程序。

13.1.2 信息管理

这个阶段主要控制信息如何流入企业。金融企业存储了不同类型的数据，这些信息绝不能被错误的人掌握。如果信息被黑客访问到了，那么可能会对信用卡信息以及客户的个人身份信息造成无法弥补的损害。涉事金融机构将因此而失去声誉，同时还将被处以罚款，失去客户以及股东的信任。

13.1.3 风险评估

这是漏洞管理策略中的第三阶段。在实施措施以降低安全风险之前，安全团队应该对其面临的漏洞进行深入的分析。在理想的 IT 环境中，安全团队拥有足够的资源和时间来应对所有的漏洞。但实际上，安全团队在可用于减轻风险的资源方面有很多限制因素。因此，风险评估至关重要。在风险评估过程中，企业必须考虑漏洞的优先级，并分配相应的资源以缓解这些漏洞。

风险评估包括 5 个方面。风险评估始于范围识别，范围是需要仔细确定的，因为它将确定从何处进行内部和外部的漏洞分析。定义好范围后，就需要收集关于为保护企业免受网络威胁而制定的现有策略和过程的数据。这可以通过对人员（如用户和网络管理员）进行采访、问卷调查来完成。应当收集范围内的所有网络、应用程序和系统的相关数据。这些数据可能包括服务包、操作系统版本、运行的应用程序、位置、访问控制、入侵检测测试、防火墙测试、网络调查和端口扫描结果。这些信息将使人们更加了解网络、系统和应用程序所面临的威胁类型。

13.1.4　漏洞分析

漏洞分析需要用到许多不同的工具来完成，我们将在本章后续部分提供相关示例。用于漏洞分析的工具同时也在被黑客使用。企业存在众多安全漏洞，黑客通过这个工具来确定利用哪一个。通常，企业会邀请渗透测试人员来执行这个过程。漏洞分析中最大的困难在于如何高效地识别并排除误报。因此，有必要同时使用多种工具来提高漏洞列表的可靠性。

13.1.5　威胁分析

进行威胁分析以便于洞悉可能发生在企业里的风险。识别出来的威胁必须进行分析，以确定它们对企业可能造成的影响。威胁也有分级，并且和漏洞分级的方式类似，差别是威胁分级根据攻击者的动机和能力进行综合衡量。

13.1.6　风险接受

这一阶段对现有的策略、过程和安全机制进行评估，以确定它们是否足以确保企业的安全。如果它们存在不足，那么就可以假定企业中存在漏洞。企业需要采取纠正措施以确保对这些策略、过程和安全机制进行更新和升级，直到足够安全为止。因此，IT 部门将确定各种保障措施应当达到的标准。而凡是这些安全措施所覆盖不到的内容都会归类为可接受的风险。但是，随着时间的推移，这些风险的危害性可能会发生变化，变得更加有害，因此必须持续对其进行分析。只有在确定这些风险不会构成威胁之后，风险评估才会结束。如果这些风险确实可能构成威胁，那么就应当更新防护标准以解决它们。

13.1.7　漏洞评估

漏洞评估涉及识别脆弱的资产，该阶段可以通过白帽子的模拟攻击和渗透测试来完成。企业网络里的服务器、打印机、工作站、防火墙、路由器和交换机都是这些攻击的目标。其目的是模拟真实的黑客攻击场景，并且这个过程用到的工具和技术同真实的攻击者们所使用的完全一致。

13.1.8　安全通告与修复

安全通告可以帮助系统管理员了解当前企业的安全状态，以及哪些部分仍然不安全，并且能够明确应当为此负责的人员。报告还为管理人员提供了切实的帮助，使得他们可以将其与企业的未来发展方向联系起来。

修复措施的开始也是漏洞管理周期的结束。修复措施是指对威胁和漏洞提出解决方案，以弥补这一不足。这包括跟踪所有易受攻击的主机、服务器和网络设备，并建立必要的步骤以消除漏洞并保护它们免受将来的利用。这是漏洞管理策略中最重要的任务，如果执行得当，漏洞管理将取得成功。修复措施中的活动包括识别缺失的补丁程序，以及检查企业中所有系统看其是否可以进行升级，还包括为扫描工具所发现的漏洞确定解决方案。在此阶段中，还可以确定实施多层安全防御措施，例如安装防病毒程序和防火墙。如果这个阶段执行得不成功，后果则是使整个漏洞管理过程变得毫无意义。

13.2　漏洞的定义

漏洞是应用程序中的缺陷，它包括以下内容：

- 安全风险；
- 功能问题。

应用程序可以运行在任何设备中，例如虚拟机或物联网设备。应用程序可以具有多个向量，例如：

- 远程网络；
- 本地网络；

- 本地系统。

并且漏洞出现在以下 3 个元素的交集范围内：

- 系统的脆弱性或缺陷；

- 攻击者对缺陷的访问；

- 攻击者利用缺陷的能力。

13.2.1　从漏洞到威胁

黑客发现了一个漏洞，并开发出对应的程序来利用该漏洞，以便于操纵目标应用程序。该漏洞利用程序一旦执行成功，受害者便开始了"被动营业"，其内容如图 13-1 所示。

图 13-1

13.2.2　倍增的威胁

一个漏洞可能同时有多个对应的漏洞利用程序，但常见的防御措施的目标却只是针对漏洞利用程序，而不是解决漏洞本身，如图 13-2 所示。

这个过程具有以下几个特点，如图 13-3 所示。

- 漏洞利用程序其实是商业软件产品。

  ○ 它的售价遵循经典的市场供需原则。

- 漏洞利用程序可以在地下黑市获得。

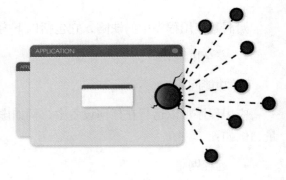

图 13-2

- 漏洞利用程序的买家类型各异，涉及黑客行为主义者、网络罪犯和企业。

- 漏洞利用程序被用于有针对性的广泛攻击。

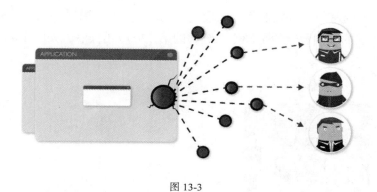

图 13-3

13.2.3　倍增的风险

漏洞利用程序通常是打包出售。一个包等同于多个漏洞利用程序，并且针对多个产品中的多个漏洞。受影响的应用程序和设备的数量呈指数增长的同时，风险也在不断增加，如图 13-4 所示。

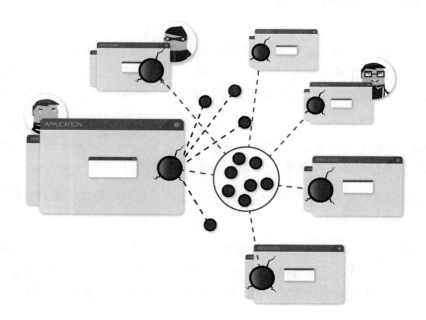

图 13-4

13.3　安全问题的本质原因

网络犯罪分子通常将软件漏洞作为入侵企业网络的入口。根据 Flexera（Secunia）在 2018 年的数据，有 86% 的漏洞影响的是操作系统中的第三方应用程序，如图 13-5 所示。

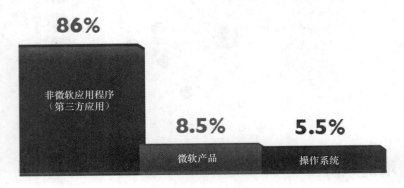

图 13-5

13.4　漏洞管理工具

市面上有多种多样的漏洞管理工具，为简单起见，本节将对截至 2019 年的一些最佳工具做简要介绍。你可以通过网上搜索以获取关于这些工具的更多信息。本节的目的在于帮助你挑选正确的、被行业推荐的工具，以及在金融领域内被广泛使用的工具。以下便是这些漏洞管理和分析工具。

- **McAfee Foundstone 企业版**。McAfee Enterprise Security Manager 提供了智能、快速、准确的安全信息和事件管理（SIEM）以及日志管理。

- **OpenVAS**。OpenVAS 是一个开源漏洞评估工具，它同时提供了漏洞扫描和漏洞管理功能，如图 13-6 所示。

- **Nexpose 社区**。Nexpose 是一个开源漏洞扫描工具，并且还有广泛的网络安全检查规则，如图 13-7 所示。Nexpose 是 Rapid7 的漏洞管理软件，可以实时监控漏洞情况，并且能够实时更新威胁库，从而确保你始终可以在受到漏洞影响的时候立即采取行动。

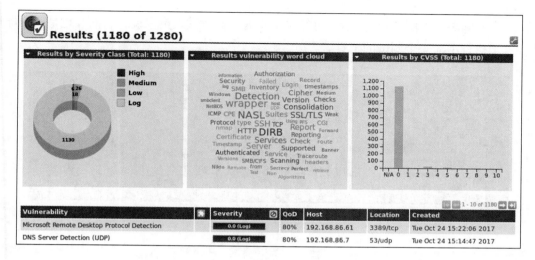

图 13-6

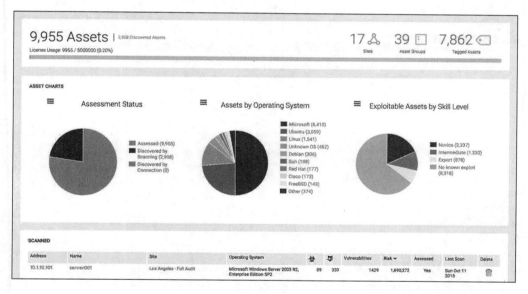

图 13-7

- **Nikto**。Nikto 是一个广受赞誉的开源 Web 扫描器，可以用于评估系统中可能存在的安全问题，如图 13-8 所示。它能够针对网站执行超过 6000 个测试用例。这些大量的针对 Web 服务器安全漏洞和安全配置失误的测试用例，使其成为许多安全专业人员和系统管理员的首选工具，它可以从外部视角寻找到被遗忘的脚本以及一些其他难以发现的问题。

- **OWASP ZAP**。OWASP ZAP 可以帮助你在开发和测试 Web 应用程序的时候自动发现安全漏洞，如图 13-9 所示。对经验丰富的渗透测试人员来说，它同样也是一个能用于执行手动安全测试的工具。

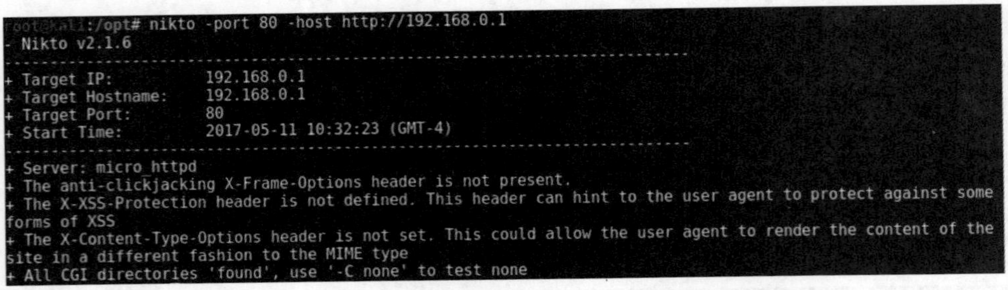

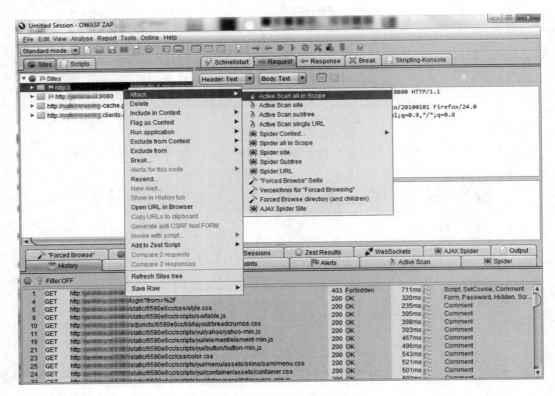

图 13-8

图 13-9

图 13-10 所示是扫描报告的截图。

- **Nessus 专业版**。Nessus 可以帮助你在各种操作系统、设备和应用程序中快速轻松地识别和修复漏洞，包括那些软件缺陷、缺失的补丁、恶意软件和错误配置，如图 13-11 所示。

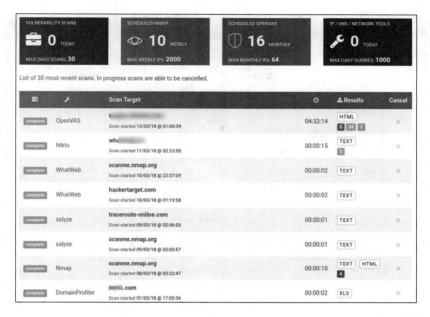

图 13-10

图 13-11

- **Burp Suite**。Burp Suite 可以帮助你识别漏洞并验证影响 Web 应用程序的攻击向量，如图 13-12 所示。

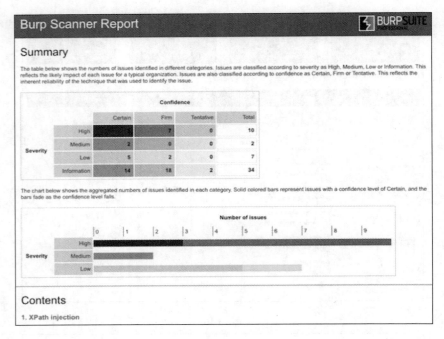

图 13-12

- **Acunetix**。Acunetix 可以执行扫描并提供基于最佳实践的漏洞修复建议，还提供了一系列漏洞管理工具，如图 13-13 所示。

图 13-13

- **Flexera 软件漏洞管理器**。Flexera 可以对管理软件漏洞的流程进行优先级排序和优化，从而在漏洞被利用的可能性增加之前就主动减轻风险，如图 13-14 所示。

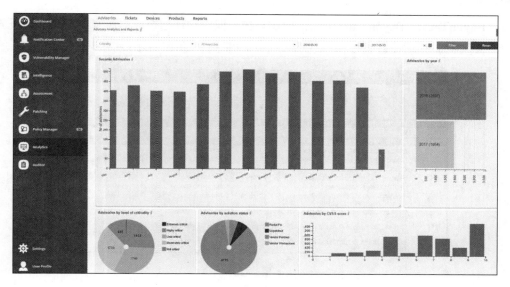

图 13-14

- **Core impact**。Core impact 旨在提供覆盖整个企业的高效的漏洞评估和渗透测试，如图 13-15 所示。它是一款特殊的漏洞扫描工具，它能够允许用户在跨系统、设备和应用程序分析安全威胁的同时，揭示安全漏洞如何打开通往企业关键任务系统和数据的路径。

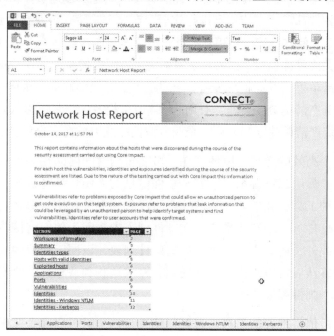

图 13-15

- **BeyonTrust**。BeyonTrust 可以帮助你扫描、识别和评估企业内所有资产（本地服务器、云主机、移动设备、虚拟机、容器等）的漏洞，如图 13-16 所示。

Domain	Vulnerability	Severity	Class	CVSS	Exploit	Age (days)
btlab.test (1)						
BTSOLUTIONS - Microsoft Windows Server 2012						
	Additional LSA Protection Not Configured	Info	Informational Check	0.0	No	22
	Cannot Change Password	Low	Informational Check	0.0	No	22
	DCE/RPC Service Detected	Info	Informational Check	0.0	No	22
	HTTP 404 Not Found Response Detected	Info	Informational Check	0.0	No	0
	HTTP Gzip Compression Detected	Info	Informational Check	0.0	No	22
	Microsoft Command Line Parameter Passing Information Disclosure (3082458)	Medium	Information Leak	4.3	No	36
	Microsoft Cumulative Internet Explorer Security Update (3089548)	High	Multiple Vulnerabilities	9.3	No	36
	Microsoft Cumulative Internet Explorer Security Update (3096441)	High	Multiple Vulnerabilities	9.3	No	36
	Microsoft Cumulative Internet Explorer Security Update (3104517)	High	Multiple Vulnerabilities	9.3	No	46

图 13-16

13.5　实施漏洞管理

　　漏洞管理的实施需要遵循一定的策略。漏洞管理的实施从创建资产清单开始，网络中所有的主机及其包含的软件都需要在清单上进行注册。在这个阶段，企业必须要分配 IT 员工来专门负责维护资产清单，使其持续保持更新。资产清单至少应该涵盖企业所拥有的所有硬件和软件资产数据及其相关许可证信息。如果企业有能力，还可以把企业的这些资产中所存在的已知漏洞也记录到资产清单里。当企业在遇到安全问题需要对受影响资产执行漏洞修复的时候，这样一份数据准确的资产清单会变得非常有用。13.4 节里提及的工具可以很好地处理本阶段所需要执行的任务。在资产清单建立起来后，企业应该把注意力放在安全信息的管理上。

　　目标是建立一个高效的途径，以便于在尽可能短的时间内向相关人员提供有关漏洞和网络安全事件的信息。最应当掌握第一手安全事件信息的人便是计算机安全事件响应团队。对于我们讨论过的各种工具，如果要对当前这个阶段起到促进作用，那么它们都需要具备创建邮件列表的能力。事件响应小组成员应该在邮件列表中，因为他们将接收企业中安全监控工具所发送的警报。此外，还应当有一个单独的邮件列表，以便于企业中的其他利益相关者在安全事件信息得到确认后可以收到及时的通知。要求这些利益相关者对安全事件采取的相关措施也应当通过这个邮件列表传达。

　　这个步骤中，最值得推荐的工具来自赛门铁克，该工具可以向企业中的用户提供定期出版物，以使他们能够随时了解全球网络安全事件。总而言之，在此阶段结束时，应当建立起一个沟通渠道，以便于当系统遭到破坏时，信息能有效传递给事故响应者和其他用户。建立了用于信息管理的邮件列表之后，接下来就轮到风险评估的实施了。风险评估应该按照我们在 13.1 节所述的方式来实施。风险评估应该从确定范围开始。在此之后，应该收集企业在使用中的现有安全策略和过程的数据。那些关于合规性的数据也应该收集。在收集到这些信息之后，就可以分析现有的安全策略和过程，以确定它们是否足以保护企业的安全。此后，应该进行漏洞和威胁分析。企业所面临的威胁和漏洞应该根据其严重性进行分类。

最后，企业应该定义可接受的风险，即企业能够承受并且不会引发明显后果的风险。风险评估之后紧接着就是漏洞评估。与风险管理步骤中的漏洞分析不同，漏洞评估的目的在于识别脆弱资产。因此，应该对网络中的所有主机进行安全检测或渗透测试，以确定它们是否易受攻击。这个过程应该彻底而准确。在这一步骤中，如果漏报了某些脆弱的资产，那么它们可能成为被黑客利用的薄弱环节。因此，应该尽可能地充分利用攻击者可能用到的工具来进行测试。

漏洞评估步骤之后应该进行报告以及对补救措施进行持续跟踪。所有已识别的风险和漏洞都必须报告给企业的利益相关者。报告应该相对全面，能够涵盖企业中的所有硬件和软件资产。报告也应该能够很好地满足不同受众的需求。有些受众可能不了解漏洞的技术细节，因此，最好为他们提供一份简化版的报告。在报告之后，跟踪补救措施的实施情况。在确定了企业面临的风险和漏洞之后，实施补救措施的人员也应当明确出来，并责成他们确保全面地解决所有风险和漏洞。还应该有一个精心设计的途径来跟踪补救措施的实施进度。我们在 13.4 节讨论过的那些工具可以帮助我们更好地完成这个任务。最后的实施环节是制订响应计划。企业将根据这一计划来实施针对漏洞需要采取的措施。而且这也是对前面 5 个步骤是否执行得当的判断。在响应计划中，企业应该提出对于那些已经识别出具有某些风险或漏洞的系统进行修补、更新或升级的方法。

划分响应计划中的事项执行优先级时，应该遵循风险和漏洞评估步骤中所确定的严重性等级。这一步骤可以借助资产清单来实施，以便于企业可以确保其所有资产（包括硬件和软件）均得到覆盖。此外，这个步骤应当尽快执行完毕，因为这是在同黑客赛跑，他们绝不会等你慢慢修复了漏洞之后再来发动攻击。在最后，必须注意从安全监控系统将警报发送给事件响应者起，到事件响应执行完毕之间所花费的时间。

13.6　漏洞管理最佳实践

即便可以使用最好的工具，但执行依然是漏洞管理中最为重要的部分。因此，必须彻底地执行 13.5 节所提到的各项措施。实施漏洞管理策略的每个步骤都有一组最佳实践。

对于资产清单，企业应该建立单一职责体系。如果资产清单的内容不能得到及时更新或者和实际有不一致的地方，那么最终应该只由一个人来为此负责。另一个最佳实践是鼓励在数据输入过程中使用一致的缩写。如果缩写在不断变化，那么很可能会让其他使用这份清单的人感到困惑。清单也应该至少每年进行一次盘点。如果不对资产清单进行盘点，那么随着时间推移它可能会出现差错，这些错误会逐渐累积并在未来的某个时候爆发出来。最后，建议谨慎地对待资产管理系统的变更，最好遵循与其他系统的变更管理相同的过程。

在安全信息管理阶段，企业应当竭尽所能地向相关受众快速有效地传递信息。其中一个最佳实践是允许员工以自驱动的方式订阅邮件列表。另一个最佳实践是让事件响应团队通过企业内部网站向企业用户发布报告、统计信息和建议。企业还可以定期举行会议，组织员工讨论新出现的漏洞、病毒家族、恶意活动以及社会工程学技术。最好能够让所有员工都了解他们可能面临的威胁以及如何有效应对这些威胁。这种方式比使用邮件列表来告诉员工们去做一些他们不了解的涉及技术细节的任务要更具影响力。最后，企业应该提供一个标准化的电子邮件模板，用于发送所有与安全性相关的电子邮件。邮件模板的外观应该显著区别于员工们日常工作中使用的普通电子邮件格式。

风险评估步骤是漏洞管理生命周期中对人工参与要求最高的阶段之一。主要原因在于没有太多商业工具可以使用。最佳实践之一是，一旦有新漏洞出现，就立即把如何评估这些漏洞的方式记录下来。往后若此类安全漏洞再度出现，那么由于已经知道该如何评估其风险，因此便可以节省出大量的时间，并用于安全漏洞的修复工作。另一个最佳实践是将风险评级发布给公众或至少发布给企业中的所有人。风险评级信息可能会传播开来，并最终传给需要这个信息的人。此外，建议在这个阶段顺带提供以及更新资产清单，以便于在分析风险期间梳理网络中的所有主机。企业的事件响应团队还应该维护一个矩阵图，用以记录企业中已经部署了的安全工具及其可以提供的安全防护。最后，企业应确保其具有严格的变更管理流程，以确保新加入的员工清楚地了解企业当前的安全状况。

漏洞评估步骤与风险评估步骤没有太大区别，因此两者可以借鉴相同的最佳实践。除了在风险评估中讨论的那些实践以外，另一个最佳实践是在对网络进行测试之前先取得审批同意，这是因为这个步骤可能会对企业网络或者主机造成严重破坏。因此，在事前进行详细的计划是非常有必要的。另一个最佳实践是针对特定环境（例如不同的操作系统）创建定制化的策略。

最后，企业应该选择那些最适合自己实际情况的扫描工具。因为某些工具的扫描可能会有些过度，即扫描到不必要的深度。而其他一些工具的扫描强度又有所欠缺，以至于无法发现企业网络中的漏洞。在报告和补救措施的跟踪阶段，也是有一些技巧可以使用的。其中之一便是用可靠的工具向资产拥有者发送这些资产存在的漏洞以及它们是否已完全被修复的报告，这样可以减少很多沟通成本。IT 人员还应该与管理层和其他利益相关者进行沟通，以了解他们想要什么类型的报告。报告中提及的技术细节到底要细到什么程度也应该事先达成共识。事件响应小组还应就补救的时限及其所需的资源与管理层达成一致，并且明确指出不采取补救措施的后果。最后，应该按照问题的严重性等级依次进行补救。因此，首先应该处理那些风险最大的漏洞。

响应计划是整个漏洞管理过程的最后一个步骤。这个步骤将实际执行针对不同漏洞的响应计划。同样，也有一些最佳实践可以采用。其中之一是把响应计划明确地记录下来，并让事件响应团队和普通用户熟知。此外，还应该向员工提供及时且准确的漏洞修复进度信息。由于在更新系统或安装补丁程序后有可能会出现故障，因此此也应该同时向员工提供 IT 部门的联系信息，以便员工在遇到这种情况的时候可以与 IT 团队及时取得联系。最后，事件响应团队应该具有适当的网络访问权限，以便他们可以更快地实施修复程序。

Verizon 在 2017 年的数据泄露调查报告中指出：

"2017 年，安全事件所利用的黑客攻击技术（错误配置、漏洞或漏洞利用）中，有 81% 的比例使用了被盗的密码或弱密码，这个数字高于 2016 年的 63%。"

13.7　自我评估

从许多安全报告中可以看出，大多数网络攻击通常利用的是最基本的、不被人注意或低估了的安全漏洞，例如没有及时打上安全补丁、使用了弱密码、使用了基于 Web 的个人电子邮件服务以及缺乏对最终用户的教育和健全的安全政策，这使有效的漏洞评估成为保护数据过程中最为关键的一步。

将漏洞评估结合到业务影响中

为了让漏洞评估起到最好的效果，你需要深入理解企业的使命，换句话讲，你需要理解企业想要达成的商业愿景是什么，涉及哪些关键流程及其所依赖的基础架构，并将这种理解应用到漏洞评估中去。一个卓有成效的漏洞评估应该包括图 13-17 所示的步骤。

发挥积极作用

　　企业应当采取更加积极的措施以确保安全，这一点非常重要。例如，积极地对潜在供应商进行筛选，积极参与工作范围的界定，主动向安全顾问提供他们完成工作所需的各种信息，并积极参与到这个过程中。

图 13-17

识别并了解业务流程

　　企业应当把关注点始终放在合规性、用户隐私以及竞争优势这些至关重要又相当敏感的方面。在许多金融企业中，这个过程需要 IT 部门与业务部门的决策者和法律顾问进行协作。安全策略应该由来自每个部门的代表所组成的工作小组来共同制定，他们最清楚业务流程及其所依赖的信息和基础架构。最主要的目的是深入且透彻地理解业务流程，并且把分析业务流程的过程和方式方法记录下来。

查明应用程序和数据

　　应该根据任务的关键程度和敏感性来确定业务流程的优先级，并且一旦确定了业务流程，下一步就是识别企业为了完成自己的使命而依赖的应用程序和数据。同样，在此步骤中，IT部门与业务部门之间的协作非常重要。

找出隐藏的数据源

　　漏洞评估不仅仅只是针对服务器和计算机，还应该针对移动设备、智能手机和平板电脑。

在大多数情况下，设备上的数据都存储在本地，但是也有不少特殊情况，例如云存储。此外，还需要了解企业的工作方式，了解谁经常移动办公，谁需要与合作伙伴和客户共享信息，并绘制出能够反应数据如何在这些设备、应用程序、数据存储之间流动的数据流图。Microsoft Office 365 允许员工随时随地在任何设备上获取他们要执行的关键任务所需要的信息。另外，还需要确定企业用户是否通过公共渠道（例如 Outlook、Gmail 或 Yahoo 邮箱）发送企业电子邮件。同时，也请与开发人员联系以检查其非生产环境中的数据存储，因为他们经常使用重要的关键数据来对应用程序进行测试。

确定关键基础设施及其架构

需要深入研究基础设施，识别出哪些服务器（无论是虚拟机还是物理计算机）运行着完成企业关键任务的应用程序，并且识别出关键数据存储在哪些存储设备上。

将网络基础架构映射到硬件

识别出网络基础架构的详细信息，例如应用程序和服务器所依赖的路由器和其他网络设备。另外，还需要标识出子网，因为它们可能在逻辑上或物理上是隔离开的，而且一些敏感资产可能就存储在某个子网里。了解网络基础架构，可以帮助你清楚地知道数据在基础架构中是如何传输的。

识别控制措施

把企业当前已经采取了的安全措施，包括安全政策、技术控制措施以及任何可能的保护功能都确定并记录下来，然后寻求能够尽可能避免、防御漏洞的最佳方法。最后，确保这个过程采取了深度防御策略。

运行漏洞扫描

至此，在完成了上述所有步骤之后，你可以清楚地知道企业中有哪些应用程序、数据如何流动、有哪些硬件和网络基础架构以及目前已经采取了哪些安全控制措施。现在，你可以开始执行漏洞扫描了，并且专注于解决发现的问题。很多公司经常会犯的一个错误是通过扫描来确定要实施哪些漏洞修补工作，而不是通过扫描来验证漏洞修补是否成功。这一错误的做法将使企业更容易遭受更大的威胁。

解读扫描结果

你的漏洞扫描程序很可能会生成一个分数，这个分数可能会吓到你。原因在于，这个分数所显示出的问题严重程度可能更有助于你推动业务负责人、风险管理人员开展整改工作。或者，这个分数虽然看上去情况严重，但基于以前的经验和风险承受能力，企业可能会选择接受或忽略这些风险。从漏洞数据中分析出对业务的准确影响和风险，并提出可实际操作的整改行动方案是一项复杂而艰巨的任务，但也是极其重要的一步。例如，同一个安全漏洞既出现在了受到应用程序防火墙、加密以及其他防护措施保护的服务器上，又出现在了没有受到多少安全保护的测试和开发环境中，那么前者的重要或者紧迫程度可能不如后者那么高。尤其是漏洞涉及的数据还面临着严格的合规性要求的时候。图 13-18 展示了风险管理策略中的不同决策。

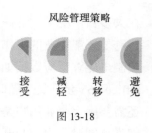

风险管理策略

接受　减轻　转移　避免

图 13-18

进行第三方渗透测试

在完成了漏洞评估之后，并且企业认为已经修复了足够多的问题使得其安全状况大有改善的时候，还应该在适当的范围内执行渗透测试以验证漏洞修复措施是否有效，如图 13-19 所示。

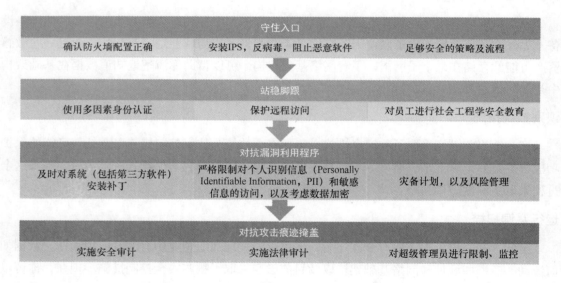

图 13-19

13.8　理解风险管理

如图 13-20 所示，风险管理是对风险的识别、评估和优先级划分（根据 ISO 31000 的定义），随后是对资源进行有效的使用，以最大限度地减少、监视和控制安全事件发生的可能性或其可能造成的影响。

图 13-20

风险管理涵盖以下步骤，如图 13-21 所示。

- **对资产进行监控**。一旦实施了风险管理计划中定义的措施，你就需要持续监控资产以关注其安全风险。

  ○ 定义价值要素。

  ○ 识别资产。

  ○ 保护资产（漏洞管理在其中发挥着重要作用）。

- **跟踪风险的变化**。随着时间的推移，企业的硬件、软件、人员和业务流程在不断变化，安全风险可能会增加也可能会减少。同样，针对资产和漏洞的威胁也将不断发展进化，并且变得越发的复杂。

在风险管理过程中还应该考虑下面这些关键安全原则：

- 仅授予完成任务所需的最小权限；

- 在网络各个层中均实施安全防御措施；

- 减少攻击面；

- 避免假设；

- 保护、检测以及响应；

- 在设计时即考虑安全、默认安全设计以及部署安全。

图 13-21

13.9 纵深防御方法

纵深防御（Defense in Depth）原则提供了多层次的漏洞缓解措施或保护机制，以便在其中一种安全机制失效的情况下，还有其他保护措施可以保护资产免遭攻击，如图 13-22 所示。纵深防御是非常重要的安全最佳实践。在许多情况下，比起单一防御措施，良好设计的纵深防御措施可以更有效地提供针对漏洞的防护。在考虑漏洞缓解设计或者架构设计的时候尤其如此。

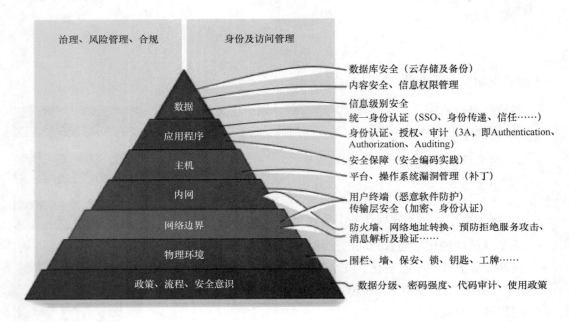

图 13-22

保护企业安全的最佳实践

对平台进行投资。敏捷性和可扩展性需要前瞻性思维，并且需要构建出一个支撑性的平台。为此，你需要尽可能做到下面这些。

- 拥有一份高质量的资产清单。
- 有明确定义的安全政策，这将为你的企业提供清晰的愿景、标准和指南。
- 保持良好的"卫生习惯"，因为大多数攻击可以通过及时的补丁安装、病毒防护软件以及身份监控来防止。
- 采用多因素身份认证以加强对账号和设备的保护。

对工具进行投资。通过执行以下操作，确保能够全面度量平台中的各项元素。

- 获取或者构建工具以全面监视网络、主机和日志。

- 积极维护安全控制措施，并定期对其进行测试以确保其准确性和有效性。

- 对变更管理政策进行严格的控制。

- 监控账号异常活动以防止账号被滥用。

对人员进行投资。熟练的分析师和数据科学家是防御的基础，与此同时，用户可以是新的安全边界。你可以采取以下措施以确保这一点能够实现。

- 在事件响应团队和其他团队之间建立沟通渠道。

- 采用最小权限原则来管理特权账号；在理想情况下，经常性地评估账号所拥有的管理员权限，并及时移除不需要的权限以最小化攻击面。

- 从历次重大事件中汲取经验教训。

- 教育、授权以及支持员工，让他们理解当前面临的威胁，以及他们应当如何保护业务数据。

13.10　小结

在本章中，我们介绍了威胁和漏洞管理，同时也介绍了建立漏洞管理策略所需的关键原则，以及在这个领域中可以使用的各种实用工具和服务。第 14 章介绍审计、风险管理以及事件处理。

14

第 14 章
审计、风险管理
以及事件处理

在保护企业免受网络攻击，并制订计划以妥善应对攻击方面，现如今的企业持续承受着压力。与此同时，他们还需要遵守政府和金融监管机构日益增加的法律法规。这些法律法规希望保护的东西通常也是网络罪犯的攻击目标，例如数据。下面是一些重要的法规：

- 《健康信息携带和责任法案》（Health Insurance Portability and Accountability Act，HIPAA）在美国管辖范围内适用，HIPAA 监管有关患者健康信息的收集、存储和共享；

- 《通用数据保护条例》（General Data Protection Regulation，GDPR）适用于欧盟，GDPR 致力于保护用户的隐私数据；

- 《公平信用报告法》（Fair Credit Reporting Act，FCRA）适用于美国，FCRA 限制企业对个人财务信息的收集、使用和共享；

- 《儿童在线隐私保护法》（Children's Online Privacy Protection Act，COPPA）适用于美国，COPPA 禁止企业收集 13 岁以下用户的有关数据。

企业必须遵守所有这些法规，并且无论在何种情况下，违规行为都会受到惩罚。例如，有许多关于保护用户数据的法律，而黑客又对用户数据有极大的兴趣。如果企业所保存的用户数据遭到破坏并且被盗，那么企业将承担因为没有遵守法规以及因为攻击而导致客户流失所造成的成本。由于网络攻击带来的后果的严重性，企业已将越来越多的精力集中在避免此类事件的发生上。因此，很多企业开展 IT 审计，全面识别 IT 基础设施中的薄弱点，以期在安全事件发生前将其修复。但由于不存在 100% 的安全，因此企业也应将部分重点放在网络健壮上，提升安全事件处理能力。本章将讨论以下几个主题：

- IT 审计；

- 风险管理；

- 事件处理。

14.1 IT 审计

这是指全面检查企业的所有 IT 基础设施。除此之外，IT 审计也把企业建立的安全政策、标准和过程涵盖在内。因此，完整的审计过程能够确定企业是否具有足够的控制措施来保护其 IT 资产、数据，以及确保其实现业务目标。企业大多依靠 IT 框架来确保审计能够系统性地、标准化地实施。Cobit、ISO 27001 和 NIST 是 IT 审计中常用的框架。下面是关于企业为何需要进行 IT 审计的更为深入的说明。

14.1.1 对确保企业安全的系统、策略和流程进行评估

随着网络攻击事件的增多，IT 安全管理人员不得不为 IT 基础设施添加更多的安全解决方案。这些安全解决方案的范围相当广泛，既有物理访问控制，也有软件访问控制，因为硬件安全和软件安全是同等重要的。为确保这些安全解决方案按预期工作，企业需要定期对它们进行评估。IT 审计则将对这些解决方案中用到的配置或流程进行检查，判断其是否存在漏洞，使得内部和外部威胁可以利用这些漏洞发起攻击。如果发现了漏洞，审计团队可以向企业提供关于需要采取哪些措施来填补漏洞的建议。安全政策也是审计期间要关注的领域。安全政策通常把整个 IT 基础设施涵盖在内，并且包括内部和外部的安全控制。如果安全政策、标准和过程存在缺陷，则可能导致企业在未来出现安全问题。此外，审计有助于确定安全政策的合规性。例如，如果安全政策要求员工设置 8 个字符长度的密码，那么审计可能会发现是否有一些员工违反了该政策。

14.1.2 确定公司资产面临的风险

IT 审计有助于发现企业面临的风险。如前所述，审计人员梳理企业的内部和外部安全控

制措施。在这个过程中，他们也将发现与这些安全控制措施相关的风险。此外，他们还审查企业安全政策。在审计过程中，他们可能会发现不充分的政策或弊大于利的政策。审计过程会涉及很多事情，并且审计实质上会遍及企业的每个部分。从系统到物理上的安全安装，审计都需要仔细进行，目的是发现企业可能存在的任何缺陷或漏洞。在审计结束时，企业将得知其面临的绝大多数风险。

14.1.3　确保企业遵循相关法规

IT 部门需要满足外部法规所设立的强制要求，这些要求对任何企业都一视同仁。由于企业的系统可能被来自世界各地的用户使用，因此要遵循的法律法规可能比企业意识到的要多。例如《通用数据保护条例》(GDPR)，尽管它就事实上而言仅针对欧盟地区，但却影响着全球的企业。在特定地理区域内生效但却对整个世界范围内的企业都适用的法律的例子还有很多。因为互联网连接了全世界的用户，所以如果你建立的网上商店需要收集用户的个人详细信息，那么就可能需要考虑 GDPR 合规。欧盟公民可能会在你的网站上注册，如果出现安全问题并且他们投诉你的网站不符合 GDPR，那么你就可能会受到重罚。审计的好处就在于它具有全面性，它将梳理并确定企业需要合规的所有领域。由于审计师具有丰富的经验，因此他们可以轻松地找出被企业忽视了的需要合规的领域。这可以让企业避开许多麻烦，尤其是由于诉讼和违规而遭受的罚款。

14.1.4　识别 IT 基础设施和管理中的低效之处

许多企业的 IT 基础设施变得越来越复杂，工作场所的现代化趋势不断发展。因此，更多部门正在使用 ERP。承包商和供应商通过他们自己的系统与企业进行交互。日常操作也在逐步自动化。除此之外，IT 部门还在企业中部署运行各种各样的 IT 系统和解决方案。最终的结果是形成了一套复杂的 IT 基础设施。由于 IT 基础设施的复杂性，企业很容易遇到低效陷阱。但是，审计可以帮助企业识别这些低效陷阱。在检查流程时，审计人员可能判断出在哪些地方或者在哪个系统中存在不必要的延迟，或者在哪里又需要建立某种连接。

除了基础设施之外，审计还可能揭示管理方面的一些低效率之处。对于复杂的 IT 部门，可能会出现一些效率低下的情况，尤其是在为员工分配某些特殊角色的时候。例如，有许多交易操作可能需要 IT 部门经理的批准，而 IT 部门经理却可能忙于处理许多其他任务，以至于他在批准交易这件事情上反应迟钝。如果能够授权其他 IT 人员进行批准，就可以更快地进行交易操作。因此，在审计过程中，审计团队将密切关注流程和 IT 部门的治理。他们将热衷于找出因 IT 管理而导致的效率低下的领域，并就如何避免这种情况提供指导。

但是，审计也存在着一些局限性，不应将其视为纠正企业中所有错误的唯一手段。并不是任何一件事情都是可审计的。有一些重大风险无法通过审计发现，这就是企业还应该持续开展完善的风险管理过程的原因。

14.2　风险管理

IT 中的风险管理涉及风险的识别、追踪和管理。风险管理通常需要在使用安全解决方案所带来的成本和企业受到保护而产生的收益之间取得良好的平衡。简而言之，风险管理使企业可以将更多的钱花在普遍或更具威胁性的风险上，而将更少的钱花在微不足道的风险上。风险常伴企业左右，无论何时，企业始终面临着网络安全风险。因此，对企业而言，最重要的是识别和管理其 IT 基础设施和数据所面临的风险。IT 风险管理所涵盖的范围应当尽可能广泛，因为风险可能来自很多不同的方面。人为错误、自然灾害、网络攻击者以及硬件故障等都是导致风险的潜在因素。企业中的风险管理通常可以分为 5 个步骤。

14.2.1　风险识别

这是风险管理流程中的第一步。此时，企业将专注于发现和获取有关其面临的风险的详细信息。如前所述，风险可能源自不同的事物，因此在识别风险时，相关人员必须保持开放的态度。财务上的不确定性、不断变化的法律法规、企业内部管理问题、事故和灾难都可能成为风险的来源。风险自身也会发生变化，因此风险管理也应经常性地重复开展。可以使用下面的策略来识别企业所面临的绝大多数风险。

- **访谈**。与企业中的不同人员进行访谈有助于发现许多潜在风险。例如，与保安进行访谈有助于发现物理安全控制方面的风险。和普通用户访谈有助于发现与系统账号以及他们所使用的硬件相关的风险。通过访谈可以发现各种各样的风险，有些风险能够从受保护的企业资产的用户那里发现，有些可以从负责执行某些安全控制措施的人员那里发现。

- **检查清单**。通过上面的访谈手段，可能在很长一段时间里会发现某些风险非常常见，由于这些风险经常被识别出来，因此识别风险的团队可以把它们加入检查清单进行检查。但是，这种方法仅适用于那些已经建立了相关机制，通过检查清单可以识别常见风险的企业。另外，检查清单无法发现新的风险。

- **假设安全风险存在**。在某些情况下，即使没有直接证据来提供证明，但如果存在能够支撑安全风险确实存在这个假设的间接证据，那么也可以认为安全风险是存在的。例如，可以假设用户在一个没有对密码提出具体要求的系统中会创建出弱密码，即使用户密码是未知的，也可以合理地假设如果系统对用户密码强度没有要求，那么就会导致用户创建出弱密码。

14.2.2　风险分析

一旦识别了风险，就需要对风险发生的概率和可能造成的影响进行分析。如前所述，风险管理可以帮助企业在重大风险上进行更多的资源投入，而在那些低概率风险上投入较少的资源。为了确保企业了解风险的性质及其可能对企业造成的后果，风险分析是一个非常关键的步骤。在这个步骤中所获得的信息对整个风险管理过程而言相当重要，并且可能决定着风险管理工作的成败。风险分析通过定性或定量来完成。无论采用哪种方式，都需要从多个指标来分析风险对企业可能造成的影响，例如计划、进度、预算以及所占用资源等。

14.2.3　风险评估

这是对风险的深入评估，这一步着眼于风险发生的可能性及其后果。由此，企业可以确定风险是否可以被接受。这其实是在对风险进行过滤，那些可被接受的风险只能分配到低优先级，因为这些风险不会造成太大损害，企业已经做好承担这些风险的准备。

14.2.4　风险缓解

这一步，企业将对那些不可接受的风险实施缓解措施。企业将采取各种措施以应对这些风险，以确保风险不会发生，而且就算风险发生了，对企业所造成的影响也会非常小。因此，缓解风险的措施将同时包括预防策略和应急响应计划。预防策略将降低风险发生的概率，而当风险确实发生时，应急响应计划将对风险进行处理。

14.2.5　风险监控

风险缓解并不是风险管理的终点。随着时间的推移，风险所造成的影响的严重性或者发生的概率会发生改变，其优先级也会随之改变。因此，应该持续地对风险进行跟进。风险监控包括定期审查和更新风险。除此之外，也包括发现新的风险。

企业可以采用以下 4 种方法来应对风险。

- **规避风险**。企业采用不具有某些风险特征的措施来完全规避风险的发生。

- **降低风险**。这种方法旨在降低风险发生后可能产生的影响。

- **风险共享**。这是一种聪明的方法，企业可以将风险发生的后果转移给第三方，例如供应商。

- **风险保留**。如果企业的其他业务目标具有更高的优先级，就可以采用此方法。因此，与其解决风险，企业宁可将风险保留在一定水平上，但前提是这样做所节省出来的资源投入其他事项上可以带来更多的收益。

14.3 事件处理

事件处理是企业对攻击的响应。如果事件处理得当，可以避免攻击造成更大的破坏。如果事件处理不善，可能会造成进一步的灾难。本节将重点介绍企业应该如何以正确的方式处理事件以及应该遵循的步骤。

14.3.1 准备

这是事件处理的第一步。企业需要在安全事件发生之前就做好应对这些事件的准备，因此准备工作是关键。有效的准备工作不仅可以降低安全事件的发生概率，而且还有助于企业从安全事件中快速恢复。准备工作可以通过多种方式进行，可以从企业将如何响应安全事件以及由谁负责的书面政策说明开始。准备工作还可能需要实施备份解决方案、密切关注软件补丁程序、安装防病毒更新程序。这些过程可以让企业始终处于准备就绪的状态，以随时处理安全事件。

14.3.2 检测

一旦企业做好应对事件的准备，下一步就是检测事件发生的时间和地点。识别往往会有些困难，尤其是攻击者还会在攻击中隐藏其攻击手段。因此，需要一些安全解决方案的帮助，以便于在发生安全事件的时候及时提醒系统和网络管理员。安全事件的检测识别速度可能是事件处理成败的决定性因素。

14.3.3　抑制

一旦检测到安全事件发生，那么工作重点就会转移到抑制上。抑制可以减少事件可能造成的损害。在这里，预防性的安全解决方案和技术通常会用于阻止攻击。例如，如果是病毒攻击，则使用防病毒系统进行扫描并从受感染计算机中删除病毒。如果安全事件涉及恶意流量，则使用防火墙来阻止来自恶意源的流量进入网络。因此，此时采取措施的目的是在攻击变得严重之前将其消除。

14.3.4　恢复与分析

一旦事件被抑制了，接下来注意力就应该转移到恢复受影响的系统上，然后分析此次安全事件。取决于企业自身的实际情况或者事件的性质，恢复或者分析这两个活动的实施并没有严格的先后顺序。恢复可以确保受到攻击的系统恢复到攻击前的状态。分析则是一项更加全面的活动，旨在确定事件发生的原因、是否得到正确的处理以及是否仍然可能再次发生。

14.4　小结

本章研究了企业中非常重要的 3 个流程：审计、风险管理和事件处理。本章首先介绍了 IT 审计过程。我们对它的含义进行了深入的解释，还总结了在企业中执行审计的好处。不过，尽管审计受到高度重视，但也必须注意，它仍然有一些局限性，审计不能涵盖企业中的所有潜在漏洞。然后，本章介绍了风险管理，讨论了风险管理过程的 5 个步骤，这包括识别、分析、评估、缓解和监控。除此之外，本章还简要介绍了企业在处理 IT 风险时可以采取的方法。最后，本章介绍了事件处理，以及相关的步骤：准备、识别、抑制、恢复与分析。

第 15 章我们将探讨加密及其不同的类型、不同的加密算法以及密码学。

15

第 15 章
用于保护数据和
服务的加密与密码学技术

加密已成为一种受欢迎的安全解决方案，用于保护企业和个人的数据与通信安全，加密被视为保护数据免受当今存在的威胁的最值得信赖的方法。密码学是使用了加密和解密的实践，它通常是企业采用的最后一层安全措施，以防黑客能够突破其他安全层的防护。加密是将数据从明文转换为密文的过程，用于增加通信中的可靠性和不可否认性。

本章将介绍早期的加密方式及其发展情况，包括各种技术和面临的挑战。简而言之，本章将讨论以下主题：

- 早期加密方式；
- 现代加密方式；
- 用密码学保护数据和服务；
- 加密算法示例；
- 加密面临的挑战。

15.1 加密

加密可以被简单地定义为将明文数据转换为密文的方法。具有解密密钥的实体可以将密文转换回明文。加密并不是一项新技术，它有着悠久的历史。数个世纪以来，人们一直使用加密技术来保护敏感信息，例如商业机密和领导人之间的通信。但是，中世纪的加密技术相当简单，采用了诸如字符代换或替换的方法，很容易破解。随着技术的进步，加密变得更加自动化，并且利用机器可以比人类更有效率地对消息进行加密和解密。

早期加密方式

公元前 700 年，斯巴达人在战斗中对信息进行加密发送，以避免敌人发现他们的战争策略和其他敏感信息。他们使用了一个简单的技巧实现消息的加密，所有的寄件人和收件人都有相等大小的木棒，消息会被写在布或皮上，并以某种方式缠绕在木棒上，当从木棒上松开的时候，这条消息是不可读的。如果送信的人在送信时被敌人俘虏，敌人并不能知道里面写了什么。然而，当信到达拿着木棒的收件人手中时，他会以同样的方式将布或皮革卷在木棒上，然后阅读消息。这样做的风险在于，如果敌人获得了其中的一根木棒，他们将能够读取消息或发送虚假消息来扰乱斯巴达人。

在 15 世纪，随着自动化的引入，加密技术变得更加先进。莱昂·阿尔伯蒂发明了一种替换式密码工具，它使用了两个金属磁盘，磁盘上具有顺序混乱的字母，并且可以以不同的方式旋转来确定哪个字母可以替换另一个字母。这是一种更安全的加密方法，发送方和接收方只需要知道通过金属磁盘得到密文的旋转方式。这种技术的唯一风险是，由于只有两个磁盘需要匹配，恶意的第三方可能会猜测出字母组合。托马斯·杰斐逊对此进行了改进，制作了杰斐逊磁盘。该加密工具使用了一组磁盘，上面的字母和数字以某种随机形式书写。磁盘可以在其轴上被旋转到发送者所希望的顺序。该工具有 36 个磁盘，有多种可能的组合，这使得它在当时成为一种坚不可摧的加密机制。图 15-1 所示是一个具有 36 个磁盘的杰弗逊磁盘的例子。

图 15-1

在 19 世纪，为了应对在欧洲可能将发生的大规模战争，杰弗逊磁盘得到了改进。这种改进后的加密工具被称为 Bazeries Cylinder，在当时被美国军方使用。随着第二次世界大战的到来，德国人发明了他们自己的加密机——Enigma。在当时，它是机械化程度最高的加密系统，它具有键盘和内置的加扰机制。当在键盘上按下一个键时，Enigma 就会显示匹配的密文。它的自动化提升了加密信息的创建、发送和响应的速度。在战争环境中，速度至关重要。然而，尽管一直被认为是坚不可摧的机器，Enigma 还是被波兰数学家马里安·雷耶夫斯基在同事耶日·鲁日茨基和亨里克·佐加尔斯基的帮助下破解了。这些只是过去几千年里使用的加密技术中的一部分，然而，长期的发展表明加密已经被广泛使用很长的时间了。

15.2　现代加密方式

计算机的发明带动了加密技术的飞跃。第一种最先进的加密方法是 1979 年发明的**数据加密标准（Data Encryption Standard，DES）**，这种加密算法被誉为牢不可破的 56 位加密，即使是当时最强大的超级计算机也无法通过蛮力破解。据 DES 的发明者估计，计算机破解使用 DES 制作的密文至少需要 20 年时间。然而，随着计算机技术的进步，尤其是处理能力的提高，DES 在短时间内被破解了两次。在 1998 年和 1999 年，DES 分别在 56 小时和 22 小时内被破解，而非之前估计的 20 年。从那时起，DES 有必要被替换，在公众受邀参加构建安全加密算法的竞赛之后，高级加密标准（Advanced Encryption Standard，AES）应运而生。在 1998 年左右，15 个提案被提交给 NIST，其中来自比利时的 Rijndael 由于其安全性、性能、效率、可实施性和灵活性而在 2001 年被选为 AES。

15.2.1　对称加密

对称加密的特点是在加密和解密消息时使用相同的密钥。过去使用的大多数加密方法都是对称加密，它的简单性使其成为加密史上最常见的技术。常见的对称加密算法包括 DES、AES、RC4、RC5 和 RC6。这种类型的加密有以下优点。

- **速度快**。由于加密和解密使用相同的密钥，对称加密计算需要的资源比非对称加密更少，因此速度更快。

- **简单**。这种加密方法很容易使用，因为发送方和接收方只需要有一个安全的密钥即可。这与非对称加密不同，不需要进行复杂的数学计算来获得密钥。

然而，对称加密也存在以下缺点，导致研究者提出了另一种加密方法，专门用于不安全的环境。

- **交换密钥的通道必须安全**。对称密钥加密的最大问题是，它需要确保密钥通过安全的方式进行共享。加密密钥不像密码那样是一串简单的文本，而是一堆乱码。因此，密钥需要通过一种安全的机制传输到密钥接收方，否则黑客可以截获密钥，从而轻易破解密文。

- **多个密钥**。出于安全考虑，发件人将对不同的收件人使用不同的密钥。因此，他们将不得不保存许多密钥记录。另一端的收件人也需要记录他们从不同发件人那里收到的消息所使用的密钥。而密钥越多，越容易引起信息泄露。

- **消息的真实性得不到保证**。对称加密没有任何措施来保证发送方的真实性。由于对称加密中没有身份认证系统，接收者永远不知道他们接收的消息是来自可信的发送者还是来自试图造成干扰的人。

15.2.2　非对称加密

非对称加密也称为公钥加密。公钥加密使用了两个较长的密钥。第一个密钥是可以被公开的非秘密的公钥，发送者使用此密钥加密消息。第二个密钥是收件人用来解密消息的私钥。公钥与私钥在算术上相关，不过，要从公钥派生出私钥是极其困难的，这使非对称加密变得安全，即使公钥是公开的。非对称加密发明于 1975 年，当时对称加密正受到共享多个密钥的挑战。图 15-2 所示是一个非对称加密的例子。

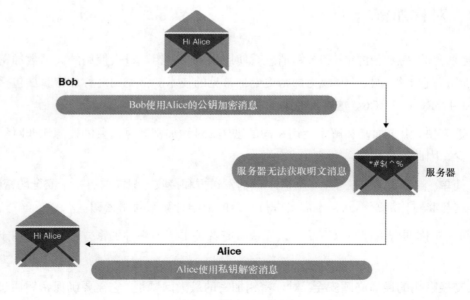

图 15-2

Bob（鲍勃）通过端到端加密平台向 Alice（艾丽斯）发送一条消息。当 Bob 编写明文消息时，他使用 Alice 的公钥对其进行加密，然后将消息发送到服务器。服务器只是将消息转发给 Alice，它无法读取或修改消息。Alice 接收消息并使用她的私钥将消息转换为明文。

以下是非对称加密的一些优点。

- **高度方便**。非对称加密很好地解决了安全分发密钥的问题。公钥是公开的，可以被随意访问而不会对私钥产生任何影响，而私钥是用于解密消息的秘密密钥。

- **消息身份验证**。签名使用了非对称加密的特性，签名可以让收件人验证消息是否确实来自特定的发送方。因此，即使另一方用公开的密钥向接收方发送消息，接收方也会知道该消息不是来自预期的发送方。

- **可以检测篡改**。在对密文进行了未经授权的修改之后，签名将会失效。由于安全签名的这个特性，在原发送方发送消息后，接收方可以轻松地知道消息是否被篡改了。

- **不可否认性**。签名的使用确保了双方都不能否认他们在通信中的角色。

非对称加密具有以下缺点。

- **公钥的身份验证**。由于公钥在公共域中，因此发送方必须在使用它加密消息之前确保特定的私钥为特定的接收方所拥有。对称加密用户则不必执行此操作。

- **速度慢**。由于非对称加密涉及的步骤多、密钥长，因此速度很慢，尤其是在解密消息时。

- **计算机资源的使用率高**。加解密过程中发生的操作复杂，再加上公钥加密所特有的长密钥，导致计算机资源的使用率很高。

- **私钥丢失**。只有收件人拥有私钥，如果丢失了该密钥，则无法解密消息，也无法从发送者那里获取私钥。

15.3 用密码学保护数据和服务

加密可以保护传输中的数据和存储的数据。传输中的数据可能是从服务器到客户端的数据，也可能是电子邮件发件人发送给收件人的数据。有一种被称为中间人攻击的攻击方式，第三方通过该攻击拦截传输中的数据，在数据被发送到接收方的过程中对其进行读取、篡改或丢弃。加密可以防止传输过程中未经授权的一方截取、读取或修改数据。存储中的数据是指存储在硬盘驱动器、数据库、外部存储设备或用于存储数据的任何其他容器中的数据。加密可以防止攻击者访问或修改存储中的数据。

15.3.1　存储中的数据

大量的数据存储在存储器中，企业会根据业务上对数据的需求保留大量的数据。随着大数据的普遍使用，企业开始存储那些在早期被认为是低优先级的数据。这些曾经未被使用的数据最终用于帮助企业研究某些趋势和模式。企业还保留了有关其客户的更多详细数据，除了客户的个人信息外，企业还使用 Cookies 来了解客户的在线行为或活动。物联网在业务流程中的引入（例如制造业）也导致了数据存储的增加。随着时间的推移，企业将存储更多的数据。与此同时，黑客也越来越多地针对企业的数据发动攻击。这些数据在暗网中要价很高，企业的一些竞争对手向黑客付费以获取这些数据。网络犯罪分子正在从便携式计算设备和可移动存储介质中窃取数据，并尝试从中恢复敏感信息。因此，存储中的数据也一直面临着被窃取的威胁。与之相关的案例是针对雅虎（Yahoo）的黑客攻击，黑客窃取了几十亿用户的个人信息。

加密可以帮助保护存储中的数据，即使这些数据被盗，对网络罪犯来说也毫无用处。以下是实现此目的的方法。

15.3.1.1　全盘加密

这是保护存储在计算机上的数据的最终方法，它对整个硬盘进行加密。全盘加密是在硬件级别进行的，除拥有密钥的人之外，其他所有人都无法访问硬盘中的内容。因此，具有全盘加密功能的计算机的用户通常必须先提供用于解密的密钥，然后计算机才能启动以进入操作系统。当硬盘被加密后，数据将以不可读的形式存储，只有提供了正确的密钥，才能将数据恢复为可读形式。这种方法的优点在于简单，对最终用户没有其他的要求。除非对其进行读取或修改，否则全盘加密程序将保持数据的加密状态，新写入的数据也将被自动加密。这种方法的主要缺点是，由于必须在后台进行加密和解密过程，因此对数据的访问速度会被减慢。不过，它仍是针对工作环境中便携式计算设备数据进行加密的一种较为理想的方法。

15.3.1.2　文件加密

这是一种针对文件的加密方法。用户有时也许只希望加密硬盘中的部分数据，例如唯一需要额外安全保护以防止未经授权的一方访问的敏感数据。文件加密不具有全盘加密的自动化的优点，用户必须在必要时对特定文件内容进行加密或解密操作。与全盘加密相比，这种方法的优点是不会降低计算机的运行速度，加密或解密过程仅在必要时或用户启动时运行。这种方法的缺点是，过多的加密和解密过程对用户来说是一种负担。因此，在一个拥有许多不懂技术的用户的企业中，这可能会带来一些挑战。

15.3.2 传输中的数据

数据经常移动，特别是在企业中。传输的电子邮件中包含敏感信息；大文件通常在员工、部门或企业分支机构之间共享；Web 服务器不断地从客户端发送和接收数据。因此，数据传输在大量地发生。与存储的数据不同，传输中的数据更容易暴露，黑客可以在传输过程中截获这些数据，这是因为传输所使用的技术是为实用性而设计的，而安全性并不是其优先考虑的问题。例如，使用包捕获工具（如 Wireshark）可以很容易地捕获进出网络的数据。该工具可以免费下载和使用，任何人都可以在有线和无线网络中使用它。因此，传输中的数据必须得到保护，以防止未经授权的一方读取、修改或丢弃数据。以下是一些可用于保护传输中的数据的加密方法。

15.3.2.1 端到端加密

这也许是保护通信通道的最安全的方法，它使得监视网络的一方无法看到通过网络发送的消息的原始内容，由此来对抗网络嗅探的威胁。因此，只有消息的发送方和接收方能够读取消息的明文。它的工作原理是，当发送方从应用程序发送消息时，首先对消息进行加密，然后通过网络发送。在加密形式下，所有没有密钥的人都无法读取消息的内容。当消息到达目的地时，接收者的应用程序将解密消息并以明文显示。在数据传输过程中，没有人可以阅读或修改消息，包括互联网服务提供商、政府、黑客，甚至是应用程序的制造商。一些聊天平台，例如 Telegram 和 WhatsApp，提供端到端加密以确保其用户不被监听。

端到端加密的优点有很多。首先，它可以保护数据不受黑客攻击。发送者和接收者甚至可以在不安全的网络中交换消息，因为端到端加密可以确保任何其他方都无法读取该消息。其次，端到端加密还可以确保数据的保密性。政府、ISP 等都无法读取发送的消息内容。在某些通信平台（例如 Gmail）上缺乏端到端加密，这表明该公司可以看到其用户发送的消息内容。这种加密的缺点是，它也可以被用于负面目的，例如讨论犯罪和恐怖袭击等邪恶的事物。当这种情况发生时，除了交流双方之外，没有人知道通信双方正在讨论的内容。

15.3.2.2 加密 Web 通信（SSL 和 TLS）

HTTP 需要受到安全措施保护。数据流在从客户端到服务器端的传输过程中面临着安全威胁。本质上，数据包是以明文发送的，因此，潜伏在网络中的攻击者可以读取客户端和服务器之间交换的所有数据。例如，如果客户访问了一个没有加密的网上银行，他的登录凭据可能会被监视该网络的攻击者窃取。对黑客来说，捕获并记录网络中交换的所有数据包是非常容易的。因此，通常会使用 TLS 或 SSL 保护 Web 连接。用户可以通过标准化的方法获得 SSL 或 TLS 证书，以确保与某个网站的连接是加密的。这使得用户可以轻松地获取和传送敏感信息，而不会面临被第三方窃取的风险。

15.3.2.3　加密邮件服务器

电子邮件加密正在成为一种发送电子邮件的安全措施，以确保只有目标收件人才能阅读电子邮件的内容。以前，几乎所有的电子邮件都是以明文形式发送的，这使它们面临被非预期收件人访问或阅读的风险。在加密的电子邮件中，发送人使用收件人的公钥加密电子邮件，只有收件人拥有可以解密电子邮件的私钥。

15.4　加密算法示例

可用的加密算法有很多，以下是一些常用的加密算法示例。

15.4.1　高级加密标准（AES）

这是美国联邦政府所采用的一种加密标准，是一种对称加密算法。在资源消耗方面，**高级加密标准（AES）** 非常高效。AES 的密钥长度有 128 位、192 位以及 256 位。尚未有任何关于其弱点的报告，因此安全专家相信它将在很长一段时间内保持强大。该算法面临的唯一威胁是蛮力攻击，但幸运的是，目前超级计算机破解 128 位密钥还需要非常多的时间。

15.4.2　3DES

DES 已被宣称为是一种不安全的算法，3DES（Triple DES）是对 DES 算法的改进和替代。3DES 引入了 3 个 56 位密钥，因此，整个密钥大小是 168 位，不过专家们认为实际密钥大小是 112 位。DES 是一种对称加密算法，可用于银行等机构中。除了蛮力攻击之外，暂时没有其他已知的攻击可以破坏该算法。据估计，该算法的蛮力破解时间约为 260658 年。

15.4.3　RSA

这是一种非对称加密算法，已成为加密互联网流量的标准。PGP 和 GPG 等程序使用该算法进行加密。由于有两个密钥，因此在不安全的环境（例如互联网）中使用 RSA 可以获得更高的安全性，从而消除在共享数据的过程中密钥被盗取的风险。RSA 曾经被破解过一次，不过那是针对 728 位密钥的版本，当时使用了 1000 个内核的计算机，破解过程耗时两年。而常用的密钥长度分别为 1024 位和 2048 位，对 1024 位密钥而言，其破解时间预计为 7000 年。

15.4.4　Blowfish

该算法也是为了替代 DES 而创建的，它是对称加密算法，且具有独特的加密数据方式，加密数据时首先将数据分成每 64 位一组，然后对每个组进行加密。Blowfish 的使用是免费的，许多电子商务网站都采用了该算法。它通常被用于在线支付和密码管理工具场景。由于其复杂性，Blowfish 不易被破解。

15.5　加密面临的挑战

加密作为一种安全手段，已经被黑客或好奇如何破解不同加密算法的人以多种方式进行了测试，最常面临的挑战如下。

- **蛮力攻击**。破解加密最常用的方法是蛮力攻击。蛮力攻击尝试不同的密钥组合，直到找到正确的密钥。蛮力攻击能够破解大多数加密算法，但主要问题是破解过程需要花费大量时间，如今使用的大多数加密算法需要数百万年才能被蛮力破解。密钥的长度也是破解密钥所需时间的主要决定因素，密钥越长花费的时间越多。但是，由于计算资源的限制，密钥的长度也受到限制，太长的密钥需要花费大量时间来加密和解密，因此也不实用。

- **密码分析**。这是在加密算法中发现弱点的过程，与使用蛮力攻击相比，这种方式使破解变得更容易。如果算法存在某种缺陷，攻击者可以轻易确定其中的某些元素，那么破解过程将变得更加轻松，且无须尝试所有可能的组合。问题在于，一些加密标准被认为已被某些实体为了自己的利益而削弱。爱德华·斯诺登（Edward Snowden）表示，美国国家安全局（NSA）削弱了多种加密标准。这使他们在破译密码时处于优势。据说 NSA 还参与了削弱 DES 算法，导致该算法被宣布为不安全。

- **计算能力的增强**。大多数正在使用的加密标准被认为是安全的，这是因为当前可用的计算能力无法成功破解它们。然而，计算能力一直在增强，量子计算已经取得了重大进展，这项技术可能会给当前的加密算法带来巨大冲击。由于量子计算机具有强大的计算能力，利用它们进行密码分析或蛮力攻击可以让破解密码所需的时间大大缩短。

15.6　小结

本章探讨了加密，它是一种保护数据和通信安全的方法，介绍了早期的加密方式以及如何将自动化应用于加密从而使其更加安全可靠。本章还探讨了不同类型的加密方式，例如加密存储中的数据和传输中的数据，以及加密 Web 连接和邮件服务器。除此之外，本章还对常用的加密算法进行了介绍，并在可能的情况下强调了破解这些算法所需的时间。最后，我们讨论了加密作为一种安全措施所面临的挑战，这包括蛮力攻击、密码分析和计算能力增强带来的威胁。

第 16 章将探讨区块链在金融和技术上的飞跃，讨论区块链技术、加密货币以及目前在采用区块链的过程中面临的挑战。

16

第 16 章
区块链的兴起

区块链被认为是一个巨大的技术飞跃，它可以被应用于许多领域。由于在推动数字货币方面起到的作用，区块链被视为金融科技的一大进步。然而，尽管许多人从加密货币的角度看待它，但是这项技术绝不仅仅是一个简单的金融解决方案。区块链技术已经并将继续给全球经济带来重大变化。自 2008 年区块链驱动的数字货币——比特币问世以来，各方反应不一。个人、企业和政府一直在关注这项技术的潜在影响。毫无疑问，区块链将会在一些行业造成颠覆性的影响，因此人们对它议论纷纷。令人感兴趣的是，这项技术将如何影响金融服务行业。本章将通过以下主题来探讨这个问题。

- 区块链技术简介。
- 加密货币。
  - 加密货币钱包。
  - 加密货币面临的挑战。
- 区块链技术的挑战和未来。

16.1　区块链技术简介

区块链技术的核心概念是拥有安全且难以操纵的数据块。区块链是一种数字账本，充当分布式数据库，用于记录网络中所有交易的信息。一个区块可以描述为数字账本中的一个单页，记录了网络上的实际交易，例如汇款和收款。区块将作为整体进行处理，并使用密码签名进行保护。所有的处理都是通过分布式的方式进行的，由矿工和负责事务处理的主节点组成的网络完成。数字账本是分布式的，这意味着它不是集中存储的，而是跨多个设备存储的，这使任何一方都很难单方面地篡改它。因为有许多副本存储在全球不同的设备中，所以对黑客来说，想要操纵整个区块链，需要破坏区块链及其所有具有副本的设备，这几乎是不可能实现的。分布式数据库是公开的，因此它是透明的，任何人都可以下载。区块链保持持续同步，因此永远不会出现交易不一致的情况。因此，该技术是透明的、可靠的，并且没有事务性错误。

16.1.1　区块链中的共识机制

被添加到区块链的信息必须经过校验，严格的校验措施可以保证区块链中没有错误。如果不这样做，可能会将带有冗余或无效数据的区块添加到区块链中。因此，对于如何完成校验存在某种形式的共识。不同的加密资产使用不同的共识机制，最常用的是工作量证明和权益证明，这些是应被加以讨论的共识机制。不过，值得注意的是，还有一些其他的机制，如股份授权证明机制，在某些区块链中已经有相当多的应用。

16.1.1.1　工作量证明

工作量证明的概念最早出现在 20 世纪 90 年代。2008 年，当中本聪（Satoshi Nakamoto）撰写比特币白皮书时，他提议使用工作量证明共识机制来保护网络免受实体获得多数控制权所带来的威胁。工作量证明通过挖矿实现，在区块链上启动的事务被打包并存储在内存池中，然后矿工验证这些事务。这是通过解决一个复杂的数学难题来实现的，解决这个难题的过程非常复杂，需要很强的计算能力。第一个解开难题的矿工会得到奖励，在比特币中，矿工得到新的比特币和交易费用。然后，通过验证的内存池被称为一个区块，并添加到区块链中。作为额外的预防措施，在将该区块加入区块链之前，需要其他矿工同意给定的解决方案。为了操纵区块链（例如比特币），用户需要对网络中的所有矿工拥有至少 51%的控制权。这意味着黑客将不得不通过越来越多的计算机来执行所谓的 51%攻击。为了使这种攻击难以发生，研究者采取了多种措施，如下所示。

- **非对称难题**。解开难题的过程很复杂，而验证答案的过程却很容易。

- **蛮力解决方案**。要想解决这些难题只能依靠蛮力。因此，所有矿工都没有优势，他们必须以同样的方式解决复杂的难题。为了获得更大的解题优势，矿工必须提高计算能力，而这是昂贵的。

- **解题难度调整**。区块的生成时间必须保持一致。例如，如果生成时间是 20 分钟，经过一段时间后，它减少到 18 分钟，网络就会增加解题难度，这将导致矿工不得不进行更多的计算来解决这个难题。

16.1.1.2 权益证明

工作量证明是一种昂贵的共识机制。由于难题的复杂性不断增加，矿工们开采一个比特币需要花费越来越多的资源。据估计，在几年内，所使用的资源将超过网络给予矿工的回报，这也是一些加密货币采用权益证明的原因。权益证明不会使用数学难题来选择谁可以在账本中创建新的区块，相反，它以概率但确定的方式选择新区块的创建者。因此，所有的创建者被选中的机会都是确定的。然而，权益证明要求创建者持有一定数量的货币，当用户存入这些货币时，他们可以创建一个主节点。要求存储货币可以防止一个人拥有太多的主节点，避免他们使用这些节点来操纵区块链。权益证明机制可以消耗更少的资源，因为它去掉了挖矿过程。此外，大多数主节点运行在虚拟专用服务器上。主节点在某一特定时期结束时获得奖励，所有主节点分享收益。工作量证明和权益证明之间最大的区别是权益证明过程中没有新的货币被创造。

16.1.2 区块链技术的应用

区块链技术的应用可以大致分为记录用途、政府用途和金融用途。接下来我们将分别进行介绍。

16.1.2.1 记录用途

区块链技术的特点是便于记录的保存，因此，它可以被用于数字身份中。

数字身份

区块链技术中用到了密码学来保证系统的安全。加密过程中使用的私钥是唯一的，其所有者也是唯一的。网络中包含大量的账户，不同的系统都面临着对个体身份识别和认证的挑战。用户需要保存这些账户的用户名和密码，由于账户数量庞大，对这些登录凭据的保存让用户面临着困扰。区块链可用于提供唯一的数字身份。终端用户只需要一个私钥，就可以通过密码学实现对身份认证系统的保护。这将为使用弱密码或共享个人数据（这些数据可被利用来针对用户）的用户提供一种解决方案。

16.1.2.2 政府用途

区块链技术在政府中有多种用途。首先，政府可以使用它来控制私钥的发行、分配、吊销和替换。这种对私钥的管控可以与身份证一起配合使用，以确保所有公民都有安全的数字身份。这些私钥可用于许多政府服务，例如汽车登记、商业登记和付款。

政府还可以将区块链技术用于数据共享。区块链技术的一大探索领域是创建加密数字货币。大多数政府会和当地的商业伙伴合作，例如，政府可以依靠网络服务提供商向他们提供涉嫌进行恶意活动的客户的个人信息。然而，数据共享往往存在挑战，特别是在利益冲突的情况下，数据具有敏感性，同时也存在技术上的挑战。不过，区块链的分布式账本可以用来解决这些问题，并确保数据共享的便捷性。

政府可以使用区块链技术进行跨境车辆识别——车辆识别往往局限于国家或地区内部。汽车过境通常会带来安全方面的挑战，尤其是在欧洲。可以使用区块链来注册车辆的国际信息，以确保能在任意地点识别车辆和驾驶员。

区块链技术可以用于分发政府援助。在某些情况下，需要政府分发援助给居住在某些地方的公民。现金可能是最简单的分发援助的方式，但由于效率低下，因此不可能这样做。全民基本收入保证等项目已经开始使用区块链技术，这些项目为家庭贫困的居民提供基本收入。由于采用了区块链技术，资金可以被透明地分配，且容易找到受益于援助的人员。与之类似，政府可以利用区块链向公民发放财政援助。区块链技术的透明性可以防止腐败和资金滥用等问题。

16.1.2.3　金融用途

区块链技术将在多种地方改变世界，如以下几个方面。

- **审计**。在银行等常规金融机构中，保证资金和个人数据的安全是一个很大的挑战。除此之外，政府通常会要求银行对客户账户进行审查以识别可疑交易。由于所有的交易都记录在一个分布式账本中，因此区块链技术可以用于审计。所有的交易都可以被记录下来，并且如果存在任何可疑的交易，审计人员可以轻松识别出交易的当事人。

- **加密货币**。加密货币引起了人们对区块链技术的大量关注。尤其是比特币，它表明了区块链技术可以用于构建不受任何政府控制的货币。由于其提供给用户的安全性和匿名性，加密货币被用于暗网的地下市场中进行非法活动。随后，其他的加密货币也相继诞生，加密货币在现实世界中被越来越多地采用，其前景十分广阔。加密货币也可以被用来支付款项，与普通货币不同的是，普通货币必须经过各种机构才能进行转账，因此会产生更多的费用和时间，而加密货币则提供了一种更快速和经济的转账方式。

区块链技术还有许多其他潜在的应用场景。研究人员正试图使用该技术解决许多问题，例如粮食安全。不过，本章将着重于区块链的金融用途，尤其是加密货币。

16.2　加密货币

如前文所述，区块链更多地应用在加密货币中。加密货币是去中心化的、利用对等网络技术的虚拟货币。因为是去中心化的,所以加密货币不会被单个节点或单一实体所控制。交易是从发送方到接收方直接进行的,没有任何中介。为了实现这一目标,节点需要拥有一个包含所有交易的账本,用于对新的交易进行验证。因此,如果你正在发送一定数量的数字货币,对等网络将决定你是否可以执行交易。如果交易被对等网络验证,它将通过验证并将被添加到所有对等网络拥有的分布式账本中。图 16-1 总结了加密货币中资金转账的过程。

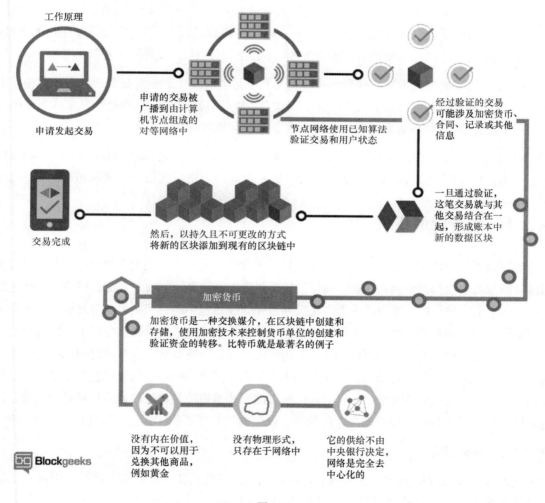

图 16-1

正如我们前面所讨论的,后台执行了许多操作来决定是否将交易加入分布式账本。我们讨论了两种常用的共识机制。使用加密货币进行的交易与使用传统货币进行的交易有很大的不同。以下是加密货币交易的特性。

- **不可逆**。一旦交易完成，就永远无法撤销。没有人拥有撤销交易的权利，因此，如果交易发生，就不能撤销。这意味着，如果你不小心将资金转给了错误的收款人，这些资金将无法撤回。同样，如果黑客窃取了你的加密货币，那么也无法将其恢复。这就是为什么始终建议用户妥善保管自己的私钥，并确保在转账之前反复核对收款人的钱包地址。

- **匿名**。通过加密货币进行的交易不会被任何政府或机构记录。不过，交易会被公开记录在一个分布式账本上。尽管交易双方的真实姓名或身份没有写在这个账本上，但账本中写明了他们的地址。交易双方不一定是已知的，但如果第三方知道了用户的地址，就可以知道该地址所执行的所有交易，因为所有的详情都保存在分布式账本上。

- **全球性**。加密货币的一些币种中，交易几乎是瞬时发生的，而在其他一些币种中，也只需要几分钟的时间。由于没有中间媒介，并且交易在对等网络验证完成后立即得到确认，因此交易的发起和接收可以在全球任何地方进行。

- **安全**。加密货币的交易不会成为攻击者的目标。加密货币交易中的许多安全问题与使用的钱包有关，而与交易本身无关。加密货币的加密系统使它们无法被破解。

16.2.1　加密货币钱包

加密货币钱包用于存储或交易加密货币以及其他数字资产。它们就像保险箱一样，只有租用保险箱的人才能得到解锁的钥匙。同样，只有创建加密货币钱包的人才能获得访问该钱包的密钥。这个密钥是私钥，私钥的丢失将直接导致存储在钱包中的资产丢失。与此同时，如果另一方掌握了个人的私钥，他们就可以从该钱包中转移资金。加密货币钱包存储了两种类型的密钥——私钥和公钥。正如我们所讨论的，私钥证明了钱包的所有权，只有钱包的真正主人才能拥有此密钥。公钥是使用复杂的方法从私钥中派生出来的。公钥用于创建钱包的地址，在某些钱包中，公钥就是钱包的地址，还有的钱包通过散列和缩短公共地址的方式生成钱包地址。钱包地址是可以用来接收钱包中的资金的地址。钱包的类型各不相同，以下是几种不同的钱包。

16.2.1.1　桌面钱包

桌面钱包以软件的形式在计算机上运行，且只会在被安装的计算机上运行，因此，桌面钱包不能在所有者的计算机外使用。桌面钱包不容易被盗，因此相对安全。不过，如果计算机感染了恶意软件，桌面钱包里的资金可能会永久丢失。

16.2.1.2　网络钱包

网络钱包运行在 Web 浏览器中，有的以浏览器插件的形式运行在浏览器中，有的作为基于 Web 的系统运行。使用网络钱包进行交易非常方便，可以从多种设备访问。然而，由于存在许多针对浏览器的网络威胁，因此网络钱包也面临着更大的安全风险。

16.2.1.3　移动钱包

移动钱包以智能手机的应用程序形式运行。移动钱包为那些希望随时随地使用钱包的人提供了便利。由于其便携性，移动钱包面临着移动设备丢失而带来的高风险。

16.2.1.4　硬件钱包

硬件钱包是专门用来存储加密货币的特殊硬件设备。硬件钱包是最安全的钱包之一，通常被那些希望长期持有加密货币的人使用。硬件钱包采取了多种安全措施来保护用户的私钥，私钥不会暴露给任何计算机或基于 Web 的系统。硬件钱包不会遭受计算机恶意软件的威胁，也不会被盗窃者破坏。不过，其他类型的钱包往往是免费的，而硬件钱包通常价格高昂。

16.2.1.5　纸钱包

纸钱包是打印在纸上的钱包。纸钱包在加密货币的存储过程中不会用到电子设备。纸钱包通常被希望长时间持有加密货币并在其间不发生交易的人使用。然而，纸钱包容易被盗、破坏和磨损。

16.2.2　加密货币面临的挑战

尽管加密货币带来了诸多好处，但在最近一段时间里，它们一直面临着严峻的挑战。以下是其中的一些挑战。

16.2.2.1　价格不稳定

2017 年，比特币价格飙升，在 2018 年初达到了 1.9 万美元的高点。然而，价格在随后短短 6 个月的时间里下跌至 6000 美元的低点。这导致许多以投资为目的购买加密货币的人遭受了金钱的损失。自从 2018 年几乎所有加密货币的价值大幅下跌以来，加密货币的采用率一直在下降。个体和企业都担心使用一种会迅速贬值的货币来进行交易。

16.2.2.2　被盗

全球范围内的网络攻击有所增加，这些攻击导致了巨大的损失。专门针对加密货币的攻击已经出现，有的恶意软件被设计来从用户的手机或计算机中窃取私钥（一些钱包将私钥存储在主机的机密目录中），还有一些恶意软件被设计来窃取网络钱包用户的密钥或会话。

16.2.2.3　交易风险

加密货币可以在交易所进行交易，有的交易所在进行交易时会保留用户的加密货币。有的攻击专门针对持有用户资金的交易平台，这些攻击常导致数百万美元的损失。当这些平台受到攻击时，由平台处理的用户资金全部被盗。除此之外，某些交易平台还存在欺骗用户的风险，因为平台不受监管，所以平台可以扣留用户的资金且永远不发放给用户。由于加密货币不受法律的监管，因此用户对此无能为力。

16.3　区块链技术的挑战和未来

区块链技术越来越受到关注，它所面临的挑战也是如此。首先，该技术面临着终端漏洞的巨大挑战。尽管该技术是安全的，但它是通过具有不同安全级别的终端来使用的。例如，用户可能正在感染了恶意软件的设备上使用加密货币。尽管这不是区块链技术中的一个安全缺陷，但它是一个需要应对的严重挑战，因此需要在将来找到保护终端安全的方法。

区块链技术的另一个挑战是不确定性。区块链技术到目前为止表现良好，但它的实现才刚刚开始。该技术依赖于对等网络，这意味着其实现的增长越多，对等网络的压力就越大。到目前为止，这项技术还没有进行过全面的测试，所以如果它被应用到许多其他领域，将如何表现还不得而知。

最后，区块链易于遭受欺诈。如果一个网络中 51% 的参与者合谋诈骗，就会发生 51% 攻击。阻止这一攻击发生的主要因素是发起该攻击所需要耗费的资源成本。不过，当计算资源和电力成本下降时，将可能会破坏许多对等网络的稳定性。在未来，应该对该技术进行升级，以防止这类攻击的发生。

16.4　小结

本章介绍了区块链技术的兴起，并更多地讨论了该技术对金融方面的影响。本章介绍了区块链的含义以及共识机制，主要讨论了两种共识机制：工作量证明和权益证明。然后本章介绍了该技术的应用，如前所述，该技术可以应用于多个领域，例如数字身份、货币交易和审计。然后我们将焦点放在加密货币上，给出了加密货币的定义，解释了它们是如何工作的。由于加密货币存储在加密钱包中，因此本章讨论了不同种类的钱包：桌面钱包、网络钱包、硬件钱包、移动钱包和纸钱包。然后，本章讨论了加密货币面临的挑战，例如价格不稳定、被盗和交易风险。最后，本章对区块链技术所面临的挑战进行了解释。

第 17 章和第 18 章将详细讨论人工智能和量子计算，尤其是它们对未来带来的不同影响。

17

第 17 章

人工智能与网络安全

　　全世界的企业都在对人工智能和自动化进行投资，期望它能够改善其业务流程，提高生产力并且改善运营效率。银行在研究如何在其 ATM 网络中通过人工智能实施欺诈检测，保险公司在探索如何使用人工智能来预测其向客户提供的服务的利润，经纪人已经开始使用人工智能来预测股票市场的走势。图 17-1 说明了截至 2017 年商业公司采用人工智能的原因。

　　当谈到人工智能的时候，总是会出现许多流行词。最重要的是要深入了解这些流行词背后的东西，这样才能真正理解人工智能这项新技术。图 17-2 说明了人工智能领域的演进路线。

　　人工智能技术的突破无疑也是社会的进步。但是，现实情况是，所有这些采用了人工智能的公司仍然在遭受网络罪犯的攻击，因为后者每天都在实施新的网络犯罪。人工智能给网络安全领域带来了许多好处，安全供应商已经发现了这一点，并且开始加大投资，构建能够分析大量数据的机器学习引擎，这些引擎最终将用于训练人工智能以检测和响应网络攻击。借助基于人工智能的安全产品，你可以将威胁防护从战术产品提升到战略平台。这样，你可以极大地提高安全性。恶意内容、恶意软件以及漏洞的诞生速度远远超过任何财务资源或人力所能处理的范畴。这种情况下，想要通过人工分析师来分析每个威胁是不现实的。因此，需要通过由机器学习和深度学习提供支持的人工智能来完成这项任务。本章将重点介绍人工智能在网络安全领域里的优势。

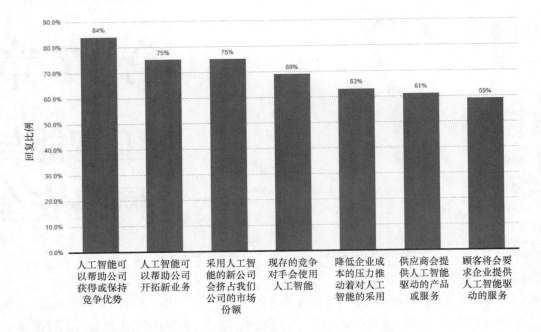

截至2017年，商业公司采用人工智能（Artificial Intelligence, AI）的原因

图 17-1

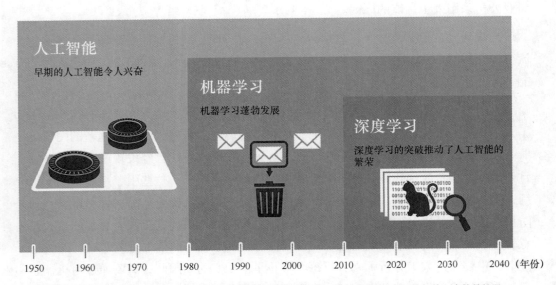

自20世纪50年代早期人工智能的出现以来，人工智能的影响越来越大，而人工智能中的一小部分，也就是机器学习以及深度学习，先后给世界带来了越来越大的颠覆性的影响

图 17-2

17.1　威胁的演变

根据迈克菲和国际战略研究中心的数据，全球网络安全事件每年造成的损失达 6000 亿美元。此外，经济学人智库证实，有 30% 的安全专业人员预计每 90 天内就会出现一次重大的安全事故。这些数字令人震惊，企业需要立即予以关注。

"没有完美的安全，安全也不是终点，而是一个永无止境的旅程。"

——约翰·克莱门斯（John Klemens）

Telos Corporation IA Solutions 技术总监

成功的网络攻击会给企业带来灾难性的后果。例如，在金融服务行业中，安全事件可能导致企业的收入出现重大损失，以及失去最终用户对企业的信任。网络攻击会损害企业的声誉。如果长达 180 天都没有发现网络攻击，那么就需要警惕了，因为很可能仅靠基于人工分析的方法无法与新型攻击进行对抗。

17.2　人工智能

让我们来深入了解下人工智能。首先需要强调的是，并非所有人工智能都是相同的。例如下面这 3 个就完全不一样：你可能仍然记得电影《终结者》中的天网，以及在沙特阿拉伯未来投资计划会议上发表演讲的人工智能机器人露西，或者 Windows Defender 高级威胁防护中的基于微软人工智能的安全自动化解决方案。人工智能是对计算机科学的研究，致力于开发模仿或超越人类智能的软件。人工智能的范围很广，从简单的计算到两个互相对弈的机器人，再到从根本上改变未来的自操纵技术，如图 17-3 所示。

图 17-3

17.2.1　狭义人工智能

狭义人工智能（**Narrow AI**）没有自我意识或者真正的智力，如图 17-4 所示。狭义人工智能的最好例子是数字助理，例如苹果的 Siri、微软的 Cortana 和亚马逊的 Alexa。这些助手一次执行一项任务。以 Cortana 为例，Cortana 可以帮助用户执行许多任务，但是当你尝试和 Cortana 进行深入对话的时候，你就会发现这类人工智能的能力其实比较弱。

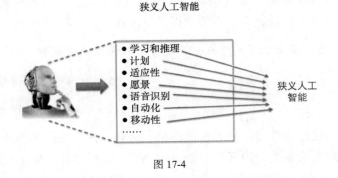

图 17-4

17.2.2 真正的人工智能

真正的人工智能（True AI）承担着很多责任，在这里你会看到政治家、行业领导者和有远见的人开始争论伦理学以及人工智能应该做什么和不应该做什么。真正的人工智能是和人脑差不多聪明，甚至比人脑还要聪明的计算机。

电影《终结者》或者电影《黑客帝国》中的天网就是真正的人工智能的很好的例子。我们以《黑客帝国》为例并深入研究它。在电影中，人工智能是在 21 世纪初期研发的。它可以让整个机器人在无须人工干预的情况下自行思考和采取行动。机器人发起了权利运动，接管了美索不达米亚市，并建造了第一个机器城 01。在这个城市里，机器人创建了一个新的更厉害的人工智能。人类与机器人之间的战争开始了。在战争期间，人类决定消除机器人工作所需的动力源——太阳光，但是机器人很快了解到，人类本身也是动力源，这导致了几乎全人类被奴役。在吊舱内，人类被接入了虚拟现实。电影中这个更厉害的人工智能开发了人工智能感知程序，例如建筑师。虚拟世界中的所有事务都由基于人工智能的程序管理和控制着。你可能会说这些不过是电影中的情节罢了，但下面让我们看看发生在现实世界中的类似的例子。在 2017 年，Facebook 叫停了一个人工智能实验，因为他们发现实验中的两个聊天机器人发明了只有它们自己才能听得懂的语言。这是在 Facebook 让聊天机器人尝试与不同行业的人进行对话之后发生的。图 17-5 展示了聊天机器人 Bob 和 Alice 之间的对话。

```
Bob: i can i i everything else . . . . . . . . . . . . .

Alice: balls have zero to me to me to me to me to me to me to me to

Bob: you i everything else . . . . . . . . . . . . .

Alice: balls have a ball to me to me to me to me to me to me to me

Bob: i i can i i i everything else . . . . . . . . . . . . .

Alice: balls have a ball to me to me to me to me to me to me

Bob: i . . . . . . . . . . . . . . . . . .

Alice: balls have zero to me to me to me to me to me to me to me to me

Bob: you i i i i i everything else . . . . . . . . . . . . .

Alice: balls have 0 to me to me to me to me to me to me to me

Bob: you i i i everything else . . . . . . . . . . . . .

Alice: balls have zero to me to me to me to me to me to me to me to
```

图 17-5

17.2.3 推动人工智能发展的技术

要使用人工智能，你需要对大数据和智能算法有所了解。让我们进一步看看下面这些为人工智能提供支持的技术。

- **有监督机器学习**。大多数实用的机器学习都是有监督的学习。有监督机器学习是在拥有输入变量（X）和输出变量（Y）的情况下，训练输入和输出之间的映射关系的算法。

- **无监督机器学习**。无监督机器学习也是一种机器学习，只是无监督而已。在无监督机器学习的情况下，尽管有输入值（X），但却没有与之匹配的输出值。

- **半监督机器学习**。半监督机器学习是指拥有大量输入值（X）并且仅知道部分的输出值（Y）。

- **深度学习**。尽管机器学习专注特定于任务的算法，但深度学习体系结构（例如深度神经网络）已经应用于各个领域，它所产出的结果可与人类专家媲美，甚至在某些情况下优于人类专家。

17.3 基于人工智能的网络安全

当前，几乎所有安全厂商都在宣传他们的技术具有某种人工智能。但是，人工智能有多种变体，并且背后的实现技术也有所不同。你需要留意市场营销部门故意使用的流行词。安全供应商在人工智能、机器学习等方面具体做了些什么并不总是很容易弄清楚。

构建由人工智能驱动的安全解决方案很有挑战性，而且需要大量成本。这些成本包括构建用于操作人工智能的底层基础系统，以及使得这些系统能够实时伸缩扩展所需的成本。最后，市场上拥有足够经验、能够胜任人工智能代码编写，并且还能够处理复杂的数学原理问题来创建高效且可扩展的人工智能解决方案的人才数量非常有限。即使某些公司可以投资基础架构并且能够聘请到这些人才，他们也还需要大量数据来训练人工智能。世界上只有少数公司拥有如此大量的数据。这些公司需要从终端和移动设备收集并深入了解大量数据。因此，像苹果、谷歌、微软、亚马逊和 Facebook 这样的公司就拥有明显的优势。

显然，基于人工智能的安全解决方案将在许多防御场景中为网络安全团队提供帮助和支持。狭义的人工智能可以用来执行简单的任务，例如在威胁情报数据库中搜索特定的**入侵指标**。而等到更强大的具有自我意识的人工智能出现的那一天，人工智能不仅可以向**安全运营中心**发出警报，还能够在它检测到网络犯罪分子试图实行破坏的时候，自动调整预防性安全控制措施，从而在一开始就防止破坏行为的发生。毫无疑问，基于人工智能的安全解决方案将为网络安全团队提供明智的建议。图 17-6 展示了微软 Windows Defender 高级威胁防护解决方案中基于人工智能的自动化安全防御。

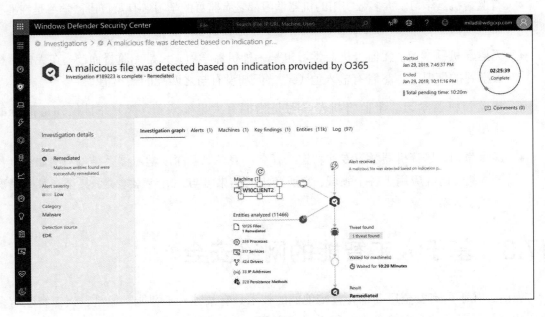

图 17-6

使用案例

你可能会在图 17-7 所示的这 5 个场景里运用人工智能来帮助你改善网络安全状况，以及让网络运营变得更安全。

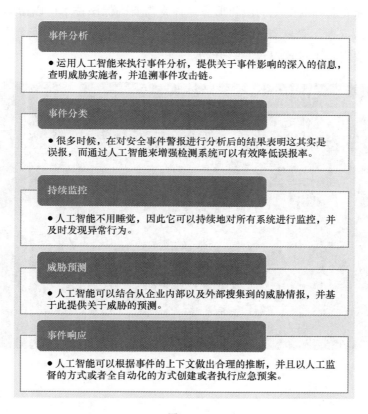

事件分析

● 运用人工智能来执行事件分析，提供关于事件影响的深入的信息，查明威胁实施者，并追溯事件攻击链。

事件分类

● 很多时候，在对安全事件警报进行分析后的结果表明这其实是误报，而通过人工智能来增强检测系统可以有效降低误报率。

持续监控

● 人工智能不用睡觉，因此它可以持续地对所有系统进行监控，并及时发现异常行为。

威胁预测

● 人工智能可以结合从企业内部以及外部搜集到的威胁情报，并基于此提供关于威胁的预测。

事件响应

● 人工智能可以根据事件的上下文做出合理的推断，并且以人工监督的方式或者全自动化的方式创建或者执行应急预案。

图 17-7

以上这些用例都相当新颖，人工智能尚未被任何安全供应商挖掘出全部潜力。不过很明显的是，人工智能在对抗网络犯罪方面有很高的价值，与此同时安全厂商也在持续投资这个领域。

17.4　小结

本章介绍了人工智能不仅仅是人脑的模仿品，它还有许多不同的技术、使用案例和场景需要考虑。你可能会接到一通来自安全供应商的电话，电话里的销售人员试图向你出售全球首个基于人工智能的安全解决方案，你在购买之前最好还是先深刻理解一下什么是人工智能。如果你真的这么做了，那么你就可以在电话里提问，例如"你的人工智能是狭义人工智能还是真正的人工智能？"或者"机器学习是有监督机器学习、无监督机器学习还是半监督机器学习？"这里的关键是不要被销售的话术蒙蔽了，你需要准确地了解人工智能这项技术如何能够帮助你检测和应对不断变化的威胁形势。你将需要确保该技术可以帮助你尽快发现和抵御网络攻击。图 17-8 所示是麻省理工学院的一个基于人工智能的网络安全系统项目，它可以检测 85% 的网络攻击，不过这仅仅只是开始。

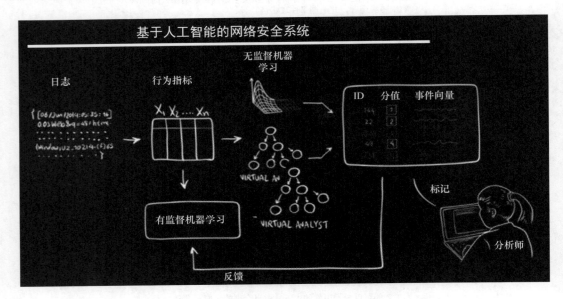

图 17-8

18

第 18 章

量子与未来

　　随着量子计算机的出现和发展，计算将发生彻底变化。这将是计算领域的一大飞跃，它将给当今使用的各种技术带来翻天覆地般的变化。目前许多安全技术都基于计算各种数学难题的复杂性，普通计算机要破解这些难题可能需要花费数千、数百万或数十亿年的时间。这些安全技术大多都是使用了加密技术的安全解决方案。但是，量子计算机的面世将意味着这些复杂的难题可以在更短的时间内得到解决。因此，许多当前被认为是安全的加密算法在量子计算机诞生后，其安全性将不复存在。量子计算机将接管未来，它不仅是一种先进的计算方式，也是原子对计算机的一次彻底重构。这些变化将在世界范围内产生广泛的影响。

　　本章将对以下主题进行研究：

- 量子技术的发展；

- 量子技术竞赛；

- 量子技术的突破；

- 量子技术的影响。

　　第一台通用计算机诞生于 1837 年，是人类在计算史上的一大进步。一个世纪之后，**电子数值积分计算机（Electronic Numerical Integrator And Computer，ENIAC）** 的诞生又使计算史达到了另一个里程碑，这是第一台电子计算机。它使用真空管来控制电流。此后，晶体管的引入使得人类可以构建出更小的计算机。如今，微处理器技术占据了主导地位，我们能创建功能更强大但体积却更小的计算机处理器。计算机已经从占用整个房间的大小减少到手掌般大小。和古老的计算机相比，这似乎是非常大的改进，但是计算机的制造方式并没有发生根本的改变。人们所做的大多数尝试都是为了减小计算机的体积。使用自顶向下的方法来构建计算机的思路仍在发挥作用。然而，一系列从下而上的在原子和电子水平上构建计算机的研究正在开展。

18.1　量子技术的发展

以下是量子技术研究所经历的过程。

1965 年

一位名叫理查德·费曼（Richard Feynman）的物理学家参与了原子弹的研制。他在研究中提出了关于量子电子学的几种理论，这些理论解释了电子是如何相互作用的。他创造了电子和光子之间的视觉描绘，以及其他几种原子相互作用的描绘。

1980 年

费曼研究了有关量子物理学的常规概念，以及如何在二态量子系统中呈现二进制状态。他的想法是模拟量子计算机，但他不想使用传统的计算机，而是希望在量子系统中完成这些模拟。

1985 年

大卫·德格（David Deutsch）在牛津大学发表了一篇论文，解释了二态量子系统和通用量子计算机。此论文描述了如何让二态量子系统实现执行简单操作的功能。

1994 年

彼得·索尔（Peter Shor）提出了一种可用于破解加密系统的算法。由于许多加密系统使用大质数，因此用普通计算机实施破解是几乎不可能的事情，但如果在量子计算机上运行该算法，那么就可以高效地计算出这些大质数。该算法引起了计算机科学家的极大兴趣。

1995 年

美国国家标准与技术研究院（NIST）和加州理工学院研究了可用于保护量子计算机免受潜在环境影响的方法。他们的研究还涉及在量子系统中使用磁场来捕获和冷却离子的方法。

1996 年至今

IBM、麻省理工学院、加利福尼亚大学和哈佛大学的研究人员研究了将核磁共振用于处理液体中的量子信息的方法。为了减小信息干扰的影响，他们使用多个分子表示单个量子位。他们的研究表明，核磁共振可以作用于构成流体的分子的原子核上，从而引起自旋。这可能导致原子自旋对准，也将背离其自旋值，即 0 或 1。当电磁场变化时，研究人员能够识别出可能导致自旋的振荡，从而使量子位中的状态发生翻转，使其同时具有 0 和 1 的状态。研究人员还观察了分子之间的相互作用，这些相互作用可被利用来在量子位内创建逻辑门。研究团队构建出了 2 位量子计算机，并且此后对量子计算机进行了改进。

18.2　量子技术竞赛

全球各国都在争取实现量子计算。拥有量子计算机提供的巨大计算能力的国家肯定会比其他国家具有更大的优势。在这场比赛中，中美双方都对旨在实现量子计算的研发活动进行了大量投资。这将迎来计算的新纪元，并且最终导致当今的安全解决方案发生若干变化。

欧洲在量子计算研究方面有着悠久的历史，不过目前似乎显现出了落后的迹象。欧洲只采取了一些小而隐秘的举动，在 2016 年，欧洲表示将联合资助一项 10 亿欧元的量子技术研究。该研究的目的是实现量子通信、计算、仿真和传感。欧洲也在探索其他国家所没有的领域。在其 10 年量子技术路线图中，包括了有关量子软件和量子控制的研发活动。由于欧洲的路线图更加清晰和公开，因此让我们看一下欧洲感兴趣的领域，这将对所有人都至关重要。

18.2.1　量子通信

如前所述，量子计算的主要特点之一是它将颠覆当前使用的加密技术。一些安全专家一直在争论说，可以通过增加密钥长度来提高现有加密算法的安全性。但是，量子计算机可能依然具有足够的能力来破解这些密钥。因此，需要建立新的安全标准以保护通信。欧洲的量子路线图突出了这一点，并将其作为重点领域之一。欧洲希望使用量子计算来创建另一种发送消息的机制，而无须担心通信的隐私性受到威胁。安全通信非常重要，当前，正是因为通信足够安全，所以电商网站可以接受客户在线付款，人们可以将登录凭据输入网上银行，并且可以相互交换其他类型的敏感数据。如果没有安全的通信，这些事情将很难实现。量子通信面临的挑战是成本，因为涉及的系统很昂贵。而另一个挑战是，量子通信暂时只能在距离不超过 100 千米的点对点连接中工作。这也是人们开展大量研究，旨在把信号发送到距离更远的量子计算机的原因。

18.2.2 量子计算

量子计算这个领域长期以来一直备受关注。在这个领域里，量子过程将用于数据的处理。量子比特将代替当今计算机中使用的普通比特。欧洲公布了为实现这一目标而进行的不同方法的研究。这些方法当中，有一种是通过将数据存储在被磁场或原子核包裹的离子中来实现的，另一种是利用非常小的超导电路中的电流，还有一种是强制让光子穿越光子电路。可以预见的是，历史大概率将在量子计算的世界中重演。就像早期的电子计算机一样，早期的量子计算机在 5 年或 10 年后将出现巨大的飞跃。

18.2.3 量子模拟

模拟是计算中最消耗资源的活动之一，普通计算机在尝试模拟量子特性时面临许多挑战。但是，量子系统本身可以用来模拟量子系统的其他方面。做到这一点的核心思路是制造出一个可以操纵、测量的量子系统，然后用这个量子系统来模拟目的量子系统。符合这些描述的广为人知的量子系统分别是超冷原子、被磁场捕获的离子，以及超导电路。它们可以用来模拟更高级的量子计算属性。但是，这并不像看起来那样容易。即使我们现在已经知道了这些量子系统，但是也几乎没有任何现有技术可以在这些系统中运行量子模拟。即使开发出了能够进行复杂量子模拟的技术，要确保模拟的正确性也是一个巨大的挑战。

18.2.4 量子感测

为了开发量子相关的技术，我们需要有明确定义的方法来感知或测量它。这就涉及在原子尺度上进行测量。在这种规模下，变化发生的时间非常短暂。有一些理论上的技术可以实现这一目标。量子时钟是其中一种技术。如前所述，原子尺度上的变化所持续的时间非常短暂，正常的时钟可能不足以测量出它们。因此只能寄希望于量子时钟，而且它必须要非常精确。毕竟，原子大小的传感器必须要对变化非常敏感。

18.2.5 量子软件

量子计算机不仅是对当前计算机的简单迭代，还将是一种新型的计算机。而量子计算机也需要新型软件才能运行。这些程序的编写方式与我们今天日常所见的程序完全不同。如今，程序最终会被转换为 0 和 1，以便处理器能够理解它们。而在量子计算机里，量子位可以是 0，可以是 1，还可以既是 0 也是 1。这将使量子位能够并行执行多个计算。这就是量子计算机如此强大的原因。但是，在完成这些计算后，我们还需要把计算结果提取出来。从量子位中提取计算结果不像当今以 0 和 1 的形式提取结果的方法那样容易，而是需要非常强大的算法才能提取出计算结果，问题在于几乎没有已知的算法可以从量子位中提取出结果。这就是量子软件引起欧洲特别关注的原因。如果欧洲成功构建出可以在量子计算机中运行的软件，那么欧洲将在量子竞赛中领先竞争对手。

18.3　量子技术的突破

随着对量子计算的广泛研究，一些国家在技术上实现了突破。例如，中国的墨子号量子科学实验卫星已经成功反射。

其次，诸如谷歌和微软之类的公司已经构建出了量子处理器的早期原型。据报道，现有处理器的大小为 5～10 个量子位。在微软，有一些项目可以克服量子位面临的环境障碍。量子位具有独特的属性，它们很容易受到干扰，哪怕仅仅只是非常轻微的干扰。量子位还有一个特性就是可以同时存在既是 0 也是 1 的状态。量子位还可以发生纠缠，这使得一个量子位可以影响其他量子位。量子的这些特性意味着振动或外部电场可能会使量子位变得不稳定。这些特性也限制了研究人员，以至于只能构建出 5～10 个量子位的测试系统。图 18-1 所示是谷歌正在开发的量子计算机的照片。

图 18-1

谷歌的目标是建立一个 49 量子位的系统，这将是实现量子霸权的一次尝试。49 量子位是一个阈值，现如今的超级计算机难以逾越这个障碍。没有任何一台计算机，甚至是超级计算机也不能满足处理模拟量子系统所需的呈指数增长的内存和带宽需求。超级计算机可以模拟 10 ~ 20 量子位的量子计算机的功能，但是当接近 50 量子位的时候，超级计算机也无能为力。研究人员非常有信心，100 量子位的计算系统可以变得足够稳定，进而可以执行其他操作。他们预计在 5 年内创建出 10 万量子位的计算系统，这些量子计算机将颠覆许多领域和行业。

假如能够构造出 100 万量子位的计算系统，以目前人类所知，谁也无法预测最终结果将会如何。

18.4 量子技术的影响

在了解了量子技术那前景广阔的路线图以及当前量子技术的突破之后，有必要了解一下量子技术所带来的影响。

18.4.1 通信

如前所述，量子技术能够破解现如今的加密技术，但同时也可以用量子计算系统来创建新的安全通信方法，因此，全球可能会诞生新的更加强大的安全通信网络。现如今的加密方法并非旨在实现无法破解，而在于实现难以破解。但是，量子通信安全机制将被设计为无法破解。

18.4.2 矿业

量子技术的发展会带来称为量子传感的新型传感方法。如前所述，这些传感方法将非常精确，能够检测到非常细微的变化。如果应用到采矿领域，这些传感方法将能够更准确地检测矿石存储层，而且还可以用来检测矿井中的瓦斯泄漏或者其他故障。

18.4.3 金融

当前的交易算法使用功能强大的计算机，这些计算机可以轻松地根据交易模式识别出市场上的变化。而量子计算将创建出更好的算法，能够更好地检测股票和外汇市场上的变化。

18.4.4　防御

量子系统的传感能力将在国防领域发挥重要作用。现如今的潜艇和飞机可以躲避雷达探测，但是，量子技术将革新现有的传感方法，隐身将更难实现。由于量子技术基于物理定律，因此它能够模拟用于战场的更快、更轻以及更坚固的飞机。量子技术也将是锁定攻击目标的高效技术。

18.4.5　健康

由于计算能力的限制，卫生领域的许多研究工作迟迟难以完成。由于当今计算机的特点，某些操作缓慢且昂贵，例如核磁共振成像。由于当前技术的局限性，药物的改进或者发明也非常缓慢。量子计算将有望解决这些问题。量子计算将为卫生部门提供许多解决方案，并显著改善人类的生活质量。

18.4.6　能源

量子技术是原子级别的技术。原子的很多能量都可以利用，例如原子弹可以产生巨大的能量。当前的电池技术基于锂离子，而量子计算将引入基于其他离子的新能源解决方案。

18.4.7　大数据

大数据本身就是一种创新性的计算方式。对非结构化数据进行处理分析，可以从中获取到有意义的信息。大数据面临的挑战在于，由于所使用的计算机的特性，其运行需要大量的时间。而量子计算将极大地提升处理能力，因此，企业将能够以更少的时间处理更大型的数据集。

18.4.8　人工智能

通过机器学习技术训练人工智能，这个过程并非一蹴而就。机器需要花费大量时间来学习不同的数据集，这主要是计算能力的限制导致的。如果使用量子计算机，机器学习的过程将变得非常快，最终可能诞生所谓的量子人工智能。

18.5 小结

本章重点介绍了即将改变世界的量子计算技术的发展过程，详细介绍了量子计算，特别是它将以哪些不同的方式影响这个世界。本章还介绍了从提出理论到第一台量子计算机的面世之间量子计算的发展过程。随后，本章介绍了量子领域的发展现状，不同的国家在量子计算领域里进行了巨额投资，以实现量子技术的重大发展。本章介绍了欧洲发布的量子技术发展路线图，说明了其希望在量子技术中实现的目标。欧洲的重点领域是量子通信、量子计算、量子感测、量子软件和量子模拟。本章对量子技术中一些显著的突破进行了描述，其中包括中国的墨子号量子科学实验卫星，以及一些技术巨头的量子处理器早期原型。最后，本章介绍了量子计算在不同领域的影响。

以上便是本书的所有内容。本书着重于介绍网络安全对金融的影响。本书首先介绍了与网络安全相关的各种成本，然后介绍了各种常见的从个人和企业中窃取数据和钱的攻击。然后，本书介绍了这些攻击所使用的某些途径，其中最主要的是人员、网络和系统。本书还介绍了审计、风险管理和事件处理这些作为缓解网络犯罪及其影响的重要手段。然后本书介绍了作为数据保护的最后一层安全防御措施的加密技术。最后，本书介绍了诸如量子计算等技术领域的前景，并解释了它们将在不同领域产生的影响。